JN429258

자폐성 아동을 위한

활동 스케줄

자폐성 아동을 위한

활동 스케줄

Lynn E. McClannahan, Patricia J. Krantz 지음

곽승철 · 노진아 · 조성하 · 양영모 옮김

Σ 시그마프레스

자폐성 아동을 위한 활동 스케줄

발행일 | 2016년 12월 28일 1쇄 발행

옮긴이 | 곽승철 · 노진아 · 조성하 · 양영모
지은이 | Lynn E. McClannahan, Patricia J. Krantz
발행인 | 강학경
발행처 | (주) 시그마프레스
디자인 | 김경임
편집 | 김성남

등록번호 | 제10-2642호
주소 | 서울시 영등포구 양평로 22길 21 선유도코오롱디지털타워 A401~403호
전자우편 | sigma@spress.co.kr
홈페이지 | http://www.sigmapress.co.kr
전화 | (02)323-4845, (02)2062-5184~8
팩스 | (02)323-4197

ISBN | 978-89-6866-825-8

Activity Schedules for Children with Autism:
Teaching Independent Behavior, 2nd Edition

Activity Schedules for Children With Autism by Lynn E. McClannahan
Copyright ⓒ 1999, 2010 Lynn E. McClannahan and Patricia J. Krantz
All rights reserved.
This Korean edition was published by Sigma Press, Inc. in 2016 by arrangement with Woodbine House c/o Writers House LLC, New York, NY through KCC(Korea Copyright Center Inc.), Seoul.

이 책은 (주)한국저작권센터(KCC)를 통한 저작권자와의 독점계약으로 (주) 시그마프레스에서 출간되었습니다. 저작권법에 의해 한국 내에서 보호를 받는 저작물이므로 무단전재와 복제를 금합니다.

* 책값은 책 뒤표지에 있습니다.

이 도서의 국립중앙도서관 출판예정도서목록(CIP)은 서지정보유통지원시스템 홈페이지(http://seoji.nl.go.kr)와 국가자료공동목록시스템(http://www.nl.go.kr/kolisnet)에서 이용하실 수 있습니다.(CIP제어번호: CIP2016031163)

차례

제3장 활동 스케줄 가르치기

제4장 다양한 교수 방법

제5장 활동 스케줄 사용기술 평가하기

제10장 사회적 상호작용 기술 확장하기

제11장 성인을 위한 활동 스케줄

제12장 활동 스케줄 : 목표 달성을 위한 플랫폼

역자 서문

마음을 들뜨게 하는 여행을 가기 전, 여행 일정에 대해 고민을 하면서 여행할 곳에 대한 정보를 책과 인터넷, 그리고 경험담을 통해 알아본 적이 있을 것이다. 그리고 그러한 정보를 통하여 무엇을 보고 경험할 것인지 날짜에 맞춰 순서대로 수첩에 적고, 적어 놓은 일정을 고심하면서 다른 일정을 추가하거나 빼고 또 일정 순서를 바꿔 본 적도 있을 것이다. 여행뿐만 아니라 일상생활 속에서도 우리는 수첩을 활용하여 하루, 일주일, 한 달의 계획 등을 세우고 시간에 맞춰 그 계획대로 일을 해 나가려고 하며, 반드시 해야 할 일이 있으면 우선순위 목록을 만들어 활용하기도 한다. 이처럼 우리는 일상생활에서 수첩을 사용하여 계획을 세우고 실행에 옮기며, 또 세운 일정을 파악하고 수정함으로써 오류를 줄이고 효율을 높이고자 한다.

그렇다면 자폐성 장애가 있는 아동, 청소년, 성인도 계획표를 활용할 수 있을까? 대답은 '그렇다'이다. 다만 언어 정보보다 시각 정보에 민감하다는 자폐성 장애의 특성을 활용해야 한다. 이러한 특성을 십분 활용하여 사진이나 그림을 이용한 계획표를 만들 수 있고, 이를 사용하여 자신이 해야 할 일을 확인하고 수행하게 할 수 있다. 이 책에서는 자폐성 장애를 위한 계획표를 '활동 스케줄(activity schedule)'이라 명명하고, 이를 통해 가정, 학교, 직장 등 삶의 공간에서 자폐성 장애인들이 자신의 일을 스스로 할 수 있게 하고, 과제를 오류 없이 올바르게 수행할 수 있다고 말하고 있다.

역자는 다양한 활동 스케줄을 자폐성 아동에게 사용하고 있다. 자폐성 아동들은 활동 스케줄을 활용하면서 자신이 해야 할 일을 알 수 있게 되었고, 이로 인해 과제 및 활동을 거부하는 일이 점차적으로 줄어들게 되었다. 활동 스케줄을 능숙하게 사용하게 되면서 과제와 활동을 스스로 준비하기도 하고 과제수행시간 및 활동시간이 늘어나기도 하였다. 많은 연구에서 활동 스케줄의 효과를 보고하고 있다.

활동 스케줄을 사용할 때 주의해야 할 점이 있긴 하나, 고도의 숙련된 기술을 필요로 하는 것이 아니다. 따라서 부모나 교사도 충분히 가정과 학교, 직장에서 아동이 활동 스케줄을 활용할 수 있게 지도할 수 있을 것이다.

이 책은 가정과 학교, 직장에서 활동 스케줄을 어떻게 만들어 나가고 활용하는가에 대한 실전지침서이다. 이 책을 통해 활동 스케줄을 사용하고자 하는 부모, 교사 그리고 아동과 관련된 모든 사람의 이해가 깊어지고 현장에 있는 자폐성 아동에게도 도움이 되길 바란다.

2016년

역자 일동

저자 서문

활동 스케줄을 사용하여 자폐성 아동을 가르치는 것은 흥미로운 시도이다. 우리는 아동이 자립해 가는 데서 기쁨과 감동을 느낀다.

우리는 수많은 아동과 가족의 성과를 널리 알리고자 이 책을 집필하였다. 이 책은 현재 사진-사물 대응 기술을 학습하고 있는 아동들에게 유용할 것이다. 그리고 숙제와 학교 일과 변화를 관리하는 기술을 배우려는 아동들에게 도움이 될 것이다. 또한 집안일을 돕고, 자신의 물건을 관리하고, 사회적 상호작용을 시작하는 것을 배우려는 아동과 성인에게도 유용하고, 가정과 직장에서의 자립생활을 위해 사진과 글자 활동 스케줄을 능숙하게 사용할 수 있는 자폐성 성인(40대도 있다)에게도 도움이 될 것이다.

여러 해 동안, 가정, 학교, 교회, 병원, 공원, 레스토랑, 휴가지 등에서 아동의 활동 스케줄을 사용하도록 지도한 경험을 공유해 준 부모와 전문가에게 감사드린다.

여기서 기술한 중재전략들은 친구이자 동료인 Gregory S. MacDuff, Edward C. Fenske와 함께하여 개발한 것이다. 이들과의 오랜 협력관계는 증거기반의 실제로서의 토대를 만들고 있다.

이 책에 사진을 제공해 준 모든 부모님,
폴란드 그단스크의 IWRD(the Institute for Child Development) 전문가,
터키 이스탄불의 TOHUM(the Foundation for Early Diagnosis and Education of Autism in Turkey) 전문가에게 감사드린다.

1

자립, 선택, 사회적 상호작용

팀

엘렌(Ellen)은 턱을 괴고 아들 팀(Tim, 3세)을 바라봤다. 팀은 새 장난감이 널브러져 있는 바닥에 누워 리드미컬하게 의자다리를 발로 차고, 노래를 흥얼거리며, 천장에 달려 있는 조명기구를 빤히 쳐다보고 있었다. 팀은 수업 중에 몇 가지 소리를 흉내 내고 사물을 잘 가리켰다. 하지만 수업이 끝나자마자 아무것에도 관심을 두지 않고 바닥에 누워 버렸다. 엄마는 아들이 싫어하더라도 트럭 장난감을 바닥에서 굴리며 놀도록 촉진해 볼까 생각을 하였다.

조던

데이나(Dana)는 학교에서 돌아온 조던(Jordan, 7세)에게 간식을 먹인 후, 큰아들 잭(Jack)이 새로 산 자전거를 타는 모습을 보려고 조던과 함께 나갈 예정이었다. 하지만 조던이 문제행동을 보일 거라 생각했다. 데이나는 조던의 손을 꽉 잡고 "밖에 나가자."라고 말했다. 현관문을 열자, 조던은 소리를 지르고 문지방에 누워 발버둥 치며 울었다. 인도 쪽에서 자전거를 타고 있던 잭이 "내 그럴 줄 알았어!"라고 말했다. 데이나는 현관문에서 조던과 티격태격하면서 잭이 자전거를 타고 차고 안으로 들어가는 것을 봤다.

크리스

래리(Larry)는 부엌문 뒤에서 사춘기 딸을 관찰했다. 래리는 소파에 앉아서 아무것도 하지 않고 무기력하게 있는 딸 크리스(Kris)를 바라보며 생각에 잠겼다. 크리스는 좋은 교육프로그램에 참여하여 잠자리 정돈하기, 씻기, 옷 개기, 점심 도시락 만들기, 컴퓨터 게임 하기를 할 수 있었고 도움을 받지 않고도 숙제를 할 수 있었다. 하지만 래리가 옆에 있지 않거나, "내일 점심을 준비하는 게 어떻겠니?"와 같은 언어촉진을 주지 않으면 크리스는 아무것도 하지 않았다.

도입

팀, 조던, 크리스의 모습은 우리에게 친숙하다. 유치원에 다니는 팀은 구조화된 수업에서는 새로운 기술을 보였지만, 쉬는 시간을 적절하게 보내는 방법을 잘 몰랐다. 조던은 익숙한 일과 활동을 할 때에는 명랑하고 사랑스러웠지만, 일과가 바뀌면 짜증을 냈다. 크리스는 많은 기술을 습득하였지만, 부모나 교사가 지시를 해야만 행동을 했다. 신중하게 계획된 활동 스케줄은 이와 같은 문제를 해결하는 데 큰 도움이 된다.

배경정보

이 책은 프린스턴아동발달연구소(the Princeton Child Development Institute, PCDI)에서 20년 이상 실행한 연구에 기초하여 집필되었다. 자폐성 아동과 청소년들은 많은 것을 배웠음에도 누군가 언어적 지시를 주지 않거나 바람직한 행동을 시범 보이지 않고 또 손짓으로 활동자료를 가리키지 않는 한 자신이 학습한 기술을 스스로 하기에 어려움이 있다는 것을 관찰했기 때문에 연구를 시작하게 되었다. 때론 아주 작은 촉진(반걸음 정도 가까이 가기, 기대하는 눈길)으로도 아동을 활동하게 만들었다. 그러나 성인의 촉진이 없으면 상동행동(예 : 손가락 놀이, 손뼉 치기, 시끄러운 소리 내기, 빙글빙글 돌기, 웃을 상황이 아닌데 웃기, 반복행동, 기다리기)을 보였다.

이에 우리는 아동이 활동과 과제를 독립적으로 할 수 있도록 여러 교수절차를 검토하는 것이 중요하다고 생각했다.

활동 스케줄이란?

활동 스케줄(activity schedule)은 일련의 사진이나 단어를 단서(cue)로 활용하여 활동을 순서대로 수행하게 한다. 활동 스케줄의 형태를 다양하게 만들 수 있는데, 처음에는 보통 과제 수행, 활동 참여, 보상 즐기기에 대한 사진이나 단어로 구성하여 만든다. 아동에 따라서 활동이 매우 상세해질 수도 있고, 활동을 하나의 간단한 상징(symbol)으로 나타낼 수도 있다. 아동은 활동 스케줄 책을 펴고, 책장을 넘기고, 과제를 수행할 때 점진적 안내(graduated guidance)를 사용한다. 활동 스케줄 사용법을 가르치는 목적은 부모나 교사의 직접적인 안내나 촉진 없이 자폐성 아동이 과제와 활동을 하게 하는 것이다.

라일리(Riley, 2세)의 활동 스케줄 책은 5쪽으로 되어 있으며 매 쪽마다 사진이 한 장씩 있다. 각 사진에는 그림조각퍼즐, 색 맞추기, 플라스틱 튜브에 들어 있는 공, 오려 낸 부직포로 만든 동물과 부직포 판, 그리고 종이 접시에 담겨 있는 콘칩이 있다. 엄마나 교사가 “장난감 가지고 놀자."라고 말하면 라일리는 활동 스케줄 책을 펴고, 첫 번째 사진을 가리키고, 가까이 있는 책장에 가서 해당 페이지에서 본 퍼즐이 있는 바구니를 가져와 퍼즐을 작은 책상 위에 놓고, 퍼즐조각을 맞추고 다시 바구니에 넣는다. 그리고 바구니를 책장 위에 올려놓고, 활동 스케줄 책으로 다시 와서 다음 쪽으로 넘기고, 색 맞추기 과제를 가리키고 과제를 한다. 그리고 다음 행동을 계속한다. 이렇듯 라일리는 활동 스케줄을 통해 부모나 교사의 도움 없이 5가지의 활동을 할 수 있다. 아직 어리지만 라일리는 10~15분 동안 혼자서 놀 수 있다. 사진 활동 스케줄 사용법을 배우기 전에는 혼자서 놀지 못했다. 대신에 잠깐 동안 장난감을 집어 입으로 깨물고 내려놓는 행동이 계속 나타났다.

페기(Peggy, 12세)는 2학년 읽기수준이며 새로운 일견단어(sight words, 눈으로 보고 익혀서 사진처럼 각인되어 버리는 단어와 표현들–역자 주)를 빠르게 습득했다. 페기는 방과 후에 해야 할 활동 목록이 있는 글자 활동 스케줄(a written schedule)을 따랐다. 목록에는 방청소, 읽기숙제, 푸딩 만들기, 수건 개기, 수학숙제, 피아노, 운동 비디오, 식탁 차리기 활동이 있었다. 페기는 목록에 있는 첫 번째 항목("방청소")을 가리키고, 필요한 활동자료를 가져와서, 청소를 시작했다. 각 활동이 끝난 다음 활동 스케줄로 돌아와 해당 항목 옆에 체크 표

그림 1-1

숀(Sean, 26개월)이 5장의 사진으로 구성된 첫 번째 사진 활동 스케줄을 따르기 위해 학습하고 있다. 활동 스케줄 책을 가까이에 두고 있으며, 고리걸기 사진이 잘 보이도록 하였다.

■ 그림 1-2
이 과제를 아직 습득하지 못했기 때문에 교사가 점진적 안내라고 불리는 촉진 절차를 사용하기 위해 다가간다(이 절차는 4장에서 논의한다).

시를 했다. 새로운 활동을 페기의 활동 스케줄에 추가하기 전에 교사는 플래시 카드 형태로 새로운 단어를 제시하고, 읽을 수 있도록 도왔다.

페기의 활동 스케줄에 있는 많은 활동은 원래 별도로 분리되어 교수되었다. 예를 들면, 푸딩 만들기 과제는 "우유를 가져옵니다.", "사발을 가져옵니다.", "푸딩믹스를 가져옵니다."와 같은 19개의 지시로 나뉘어 교수되었다. 페기는 하교 후 글자 활동 스케줄에 따라 새로운 기술을 하고 집안일을 도왔다. 페기가 활동 스케줄을 능숙하게 다루기 전에는 하교 후에 가족에게 떼를 쓰고, 자기 마음대로 되지 않으면 소리를 지르곤 했었다.

자립

라일리와 페기는 활동 스케줄을 따라 학습하게 되면서 자립할 수 있게 된 대표적인 예이다. 라일리의 엄마는 더 이상 아들을 계속 지켜보지 않아도 되었고, 장난감을 입에 가져가는 행동도 없어졌다. 페기의 부모도 계속해서 언어적 지시를 하거나 반복적인 요구에 응하지 않아도 되었다. 활동 스케줄은 성인들의 촉진과 안내의 필요성을 감소시켰다. 이러한 결과들은 특별한 교수절차로 인한 것이었다.

활동 스케줄의 초기 연구 중 하나(MacDuff, Krantz, & McClannahan, 1993)는 프린스턴아동발달협회에 속한 가족형태의 그룹 홈에서 연구에 참여한 4명의 소년(9~14살)은 청소기 돌리기, 먼지 떨기, 식탁 차리기, 퍼즐 맞추기, 장난감 가지고 놀기, 자전거 타기와 같은 많은 가정생활기술을 학습했다. 하지만 아동들은 언어적 지시가 없으면 이러한 활동들을 하지 않았고, 그룹 홈 직원들의 촉진이 철회되면 아동들은 종종 '과제이탈행동'을 했다.

점진적 안내로 불리는 교수절차를 사용하여 우리는 아동들이 레고 블록 쌓기, 모양 맞추기 게임(Perfection : 여러 가지 모양으로 음각되어 있는 틀에 해당 모양을 맞춰 넣는 장난감-역주, 그림 1-3 참조), 글씨 쓰기, 팅커토이(조립 장난감, 그림 1-4 참조)와 같은 6가지 다른 여가활동이나 과제가 있는 사진 활동 스케줄을 사용하도록 가르쳤다. 예를 들면, 아동이 활동 스케줄 책에서 팅커토이 자동차 사진이 있는 쪽을 폈을 때, 손가락으로 사

그림 1-3 모양 맞추기 게임.
출처 : http://www.toysrus.com/graphics/product_images/pG01-2788735_alternate1_dt.jpg

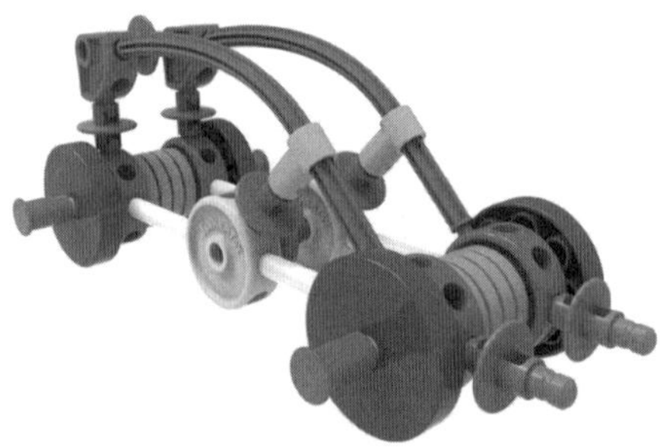

그림 1-4 팅커토이.
출처 : http://www.knex.com/_img/products/56420/56420-TinkerToy-Wild-Wheels-car_72dpi.jpg

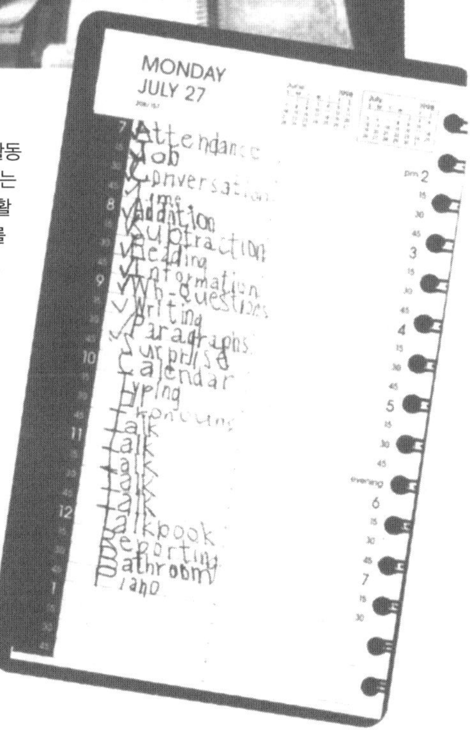

그림 1-5

브렌트(Brent, 9세)는 수업시간마다 자신의 활동 순서를 정하고 그 활동 순서를 다이어리에 적는 것으로 수업을 시작한다. 글자 활동 스케줄의 활동을 끝낸 후에 체크 표시를 하고 다음 과제를 시작한다. 교사의 보조가 필요한 활동이 있다면 도움을 요청한다. "대화(talk)"라는 단어는 브렌트가 학급 친구들과 대화를 시작하게 하는 단서를 준다(사회적 상호작용 기술 교수절차는 10장에 자세히 기술하였다).

진 가리키기, 책상 위 책꽂이에 있는 팅커토이 꺼내기, 사진에 나와 있는 것과 같이 팅커토이를 조립하기, 팅커토이 다시 상자에 넣기, 책꽂이에 다시 갖다 놓기, 다음 사진 활동 스케줄로 넘어가기를 학습하게 된다. 이 아동들은 활동을 완료하는 데 필요한 모든 단계를 이미 알고 있었기 때문에 별도의 세분화된 단계를 하도록 단서를 줄 필요가 없었지만, 이 단계를 모르는 다른 아동들에게는 별도의 세분화된 단계를 만들었다.

소년들이 많은 도움 없이 활동 스케줄 책에 있는 활동을 하게 되었을 때, 교사의 안내를 서서히 줄였으며 결국에는 교사의 물리적 존재까지 줄여 나갔다. 연구를 마칠 즈음에 사진의 순서를 바꾸기도 하고 새로운 사진을 넣기도 했지만, 소년들은 성인의 도움 없이 계속 활동 스케줄을 따랐으며 평균적으로 관찰 기간 중 '과제수행행동', 즉 적절한 참여가 91~99%로 나타났다.

예전에 이 소년들은 활동을 해 나가거나 마무리하고 하나의 활동에서 다른 활동으로 전환하는 데 상당히 어려움이 있었지만 지금은 성인의 도움 없이 6개의 다른 활동을 혼자서 할 수 있었다. 아이들은 매우 유능해 보였다.

선택하기

당신이 다른 문화권에 있다고 상상해 보라. 당신은 그곳에서 쓰는 언어를 이해하지 못하고, 가이드나 통역사도 없다. 사람들이 어디에 가고 싶은지, 무엇을 하고 싶은지 물어봐도 그 말을 이해할 수 없거나 질문에 대답할 수 없다. 이 시나리오는 심각한 언어장애로 인해 일과와 활동을 스스로 결정하지 못하는 많은 자폐성 아동들의 어려움을 기술한 것이다. 이런 일상생활 사건에 대한 통제력의 부재는 짜증이나 방해 행동(disruptive behavior)으로 나타난다. 우리도 언제 식사할지, 다음에 무슨 과제를 할지, 어떤 여가활동을 선택할지에 대한 결정을 하나도 할 수 없다면 자폐성 아동과 마찬가지로 짜증이 날 것이다.

사진과 글자 활동 스케줄은 자폐성 아동의 선택하기 학습을 돕는다. 우리가 신중하고 체계적인 지도를 한다면 아동은 활동 스케줄 사용방법을 학습할 것이다. 뿐만 아니라 활동 순서 정하기, 구조화된 수업 시간에 적절한 여가활동 선택하기, 숙제하기, 가정생활기술 등도 배울 것이다.

사회적 상호작용

일상생활을 하는 데는 필연적으로 사회적 교환(social exchange)이 필요하다. 그러나 사회적 상호작용은 자폐성 아동에게 가장 부족하다. 비연속개별시도(discrete-trial)는 보통 자폐성 아동에게 단어, 구, 문장을 모방하도록 가르치지만, 이 방법은 일상 대화의 전형은 아니다. 비연속개별시도에서 부모나 교사는 질문을 하거나 지시를 주고 아동이 반응하기를 기다린다. 아동은 반응을 배우고 다음 지시를 기다린다. 실제로 많은 아동은 성인의 언어적 촉진에 의존하는 경향을 보인다. 사회적 상호작용을 시도해 보기보다는 다른 사람이 먼저 하길 기다린다. 그러나 전형적인 대화에서는 질문이나 지시보다 두 사람 중 한 명이 견해 또는 의견을 말하거나 여러 주장을 하고 다른 사람이 답한다.

아동에게 활동 스케줄 사용법을 가르치는 것은 사회적 상호작용 기술 개발을 위한 하나의 틀을 만드는 것이고, 단지 다른 사람의 지시나 질문에 반응하는 것보다 아동이 대화를 시작할 수 있게끔 기회를 주는 것이다. 우리는 어린 유아에게 활동 스케줄을 처음 가르칠 때에도 최소 하나 이상의 간단한 상호작용 과제를 포함시키도록 권한다. 아직 언어를 습득하지 못한 아동은 활동 스케줄 책에 있는 사진을 가리킨 다음 공중 띄우기를 해 달라고 요청하며, 소수의 단어만을 알고 있는 아동은 가족에게 "안녕"이나 "간지럽히기"라고 말할 수 있고, 문장을 사용하는 아동은 좋아하는 활동을 요구하거나("안아 주세요.") 방금 끝낸 활동을 말하면서("퍼즐 다 했어.") 대화를 시작할 수 있다.

따라서 사회적 상호작용 활동은 모든 활동 스케줄에 포함되어야 하며 가능한 빠르게 확장하고 정교하게 계획되어야 한다. 이 주제는 대화 기술을 만들기 위해 어떻게 활동 스케줄을 활용할 것인지에 대한 구체적인 제안과 함께 이후 여러 장에서 다시 논의될 것이다.

누구나 스케줄을 사용한다

사람들은 바쁜 일상생활 중에 자신의 역할을 책임 있게 완수하기 위해 계획된 일과표, 달력 등을 사용한다. 또한 '해야 할 일' 목록을 만들어 냉장고에 붙여 놓거나, 주머니나 지갑에 넣기도 하며, 전자 다이어리나 컴퓨터 소프트웨어를 사용하기도 한다.

자폐성 아동, 청소년, 성인에게 사진 및 글자 활동 스케줄은 앞서 말한 기능을 동일하게 제공한다. 즉 활동 스케줄은 해야 하는 과제를 생각나게 하여 그들이 다른 사람의 지시나 해야 할 일에 대한 '잔소리'를 들을 필요가 없게 한다.

우리가 다이어리를 쓰는 것을 포기 못하듯이, 자폐성 아동에게 활동 스케줄을 그만두라고 말할 수 없다. 대신, 아동이 점점 더 우리처럼 활동 스케줄을 사용할 수 있도록 도와야 한다. 이 책 전반에 걸쳐 사진에서 글자 활동 스케줄로, 글자 활동 스케줄에서 일과표, 다이어리, 휴대용 컴퓨터로의 전환을 돕는 교수절차에 대해 논의할 것이다.

이 책에 관하여

이 책은 활동 스케줄에 대해 소개하고 부모 또는 교사가 활동 스케줄을 자폐성 아동에게 가르칠 수 있도록 안내한다. 많은 사례가 아동과 관련되지만 청소년, 성인과 관련된 사례들도 포함했다. 이 책은 자녀 혹은 학생들이 더욱 독립적으로 생활할 수 있도록 도울 것이다.

2장은 활동 스케줄을 시작하기에 앞서 아동에게 필요한 선수기술을 논의하고, 이 선수기술을 어떻게 가르칠 것인가에 대해 설명한다. 3장은 아동이 가지고 있는 강점에 맞춰 어떻게 활동 스케줄을 구성해야 하는지 설명한다. 4장은 교수절차에 대해 자세한 정보를 제공한다. 5장은 활동 스케줄 사용기술(schedule-following skill)을 어떻게 측정하고 평가하는지 보여 준다. 6장은 아동이 첫 번째 활동 스케줄 사용방법을 습득한 다음 무엇을 해야 하는지 설명한다(사진 순서 바꾸기, 새로운 사진 추가하기, 점차적으로 성인의 감독 줄이기). 7장에서는 끝이 명확하지 않은 활동(예 : TV 보기)을 어떻게 계획표에서 다루는지, 행동 간 전이 상황에서 어떠한 도움을 줄 수 있는지 기술한다. 8장에서는 아동이 자신의 보상을 선택하고 활동 순서를 스스로 배치하도록 어떻게 가르쳐야 할지 설명한다. 9장에서는 사진 활동 스케줄 대신에 글자 활동 스케줄에 따라 아동들이 학습하는 방법에 대해 살펴본다. 10장에서는 사회적 상호작용 기술 확장을 위한 활동 스케줄 사용에 주안점을 두었으며, 11장에서는 활동 스케줄이 자폐성 성인에게 줄 수 있는 도움에 대해 논의하고, 12장에서는 아동의 자립, 기능, 선택하기를 확장시키는 유기적인 틀을 활동 스케줄이 어떻게 제공할 수 있을지에 대해 설명한다. 마지막으로, 13장에서는 아동, 청소년, 성인에게 활동 스케줄을 사용하면서 발생하는 문제점 및 이에 대한 해결책을 제시한다.

아동의 활동 스케줄을 구성하고, 이를 따르도록 가르치고, 체계적으로 성인의 감독을 줄이기 위해서는 많은 시간과 노력이 요구된다. 이렇게 함으로써 아동들은 더욱 독립적이며 생산적으로 학습할 수 있으며 비기능적 행동(dysfunctional behavior)을 하면서 보내는 시간을 줄이게 된다(Krantz, MacDuff, & McClannahan, 1993). 이미 많은 부모와 교사가 지속적인 감독을 하며, 과제에 참여하도록 유도하고, 방해 행동에 대응하는 데 상당한 시간과 노력을 쏟고 있다. 사진 또는 글자 활동 스케줄을 가르치는 것은 아동의 삶에서 중요한 핵심 기술을 알려 주는 것과 같다.

고디

책장에 크레용과 색칠공부 책을 다시 꽂아 놓은 후, 고디(Gordie)는 활동 스케줄 책장을 넘겨 다음 사진을 보았는데 누나인 그웬(Gwen, 8세)과 함께 쿠키를 먹고 있는 모습이었다. 그웬은 동생 쪽을 흘깃 보며 친구에게 "동생이 나에게 말을 걸지 않았었는데, 요즘엔 가끔씩 나한테 말해."라고 말하고 친구와 하고 있던 게임을 멈췄다. 고디는 부엌에 들어가서 "엄마, 쿠키 주세요."라고 말했다. 몇 초 후에 쿠키를 손에 쥐고 누나에게 다가가 말했다. "쿠키 먹어!"

엘리엇

엘리엇(Elliott)은 직업 코치에게 작별인사를 하면서 아파트로 들어갔다. 바로 책상에 가서 다이어리를 들고 클립으로 표시해 둔 쪽을 폈다. 아직 체크하지 못한 글자 활동 스케줄의 첫 번째 항목은 "쓰레기를 버린다."였다. 몇 분 후에 쓰레기를 버리고 돌아와서, 항목에 체크 표시를 하고, 다음 항목인 "작업복을 다린다."를 읽었다. 다리미판을 가지러 가기 전에 엘리엇은 목록을 아래로 훑어보고 읽었다. "할아버지께 전화한다." 그리고 "요리 계획을 세운다."

2

선수기술 : 아동은 활동 스케줄 사용방법을 배우기 전에 필요한 기술을 습득했는가?

도입

활동 스케줄을 배우기 전에 아동은 사진-배경 식별하기, 사진-사물 대응하기 등의 기술을 습득해야 한다. 사물 정돈하기와 같은 기술은 활동 스케줄을 배우는 데 있어서 필수적이지 않으며 활동 스케줄을 배우는 중에 습득될 수 있다. 이 장에서는 활동 스케줄을 배우기에 앞서서 아동이 습득해야 하는 선수기술이 무엇인지 그리고 그러한 기술을 어떻게 가르칠 수 있는지에 대해 알아보고자 한다. 더불어 학습을 촉진할 수 있는 기술에 대해서도 소개하고자 한다.

사진-배경 식별하기

일부 자폐성 아동은 흰 배경사진을 볼 때 배경 대신 사진에 집중해야 함을 알지 못한다. 하지만 활동 스케줄을 사용하려면 배경 대신에 사진에 집중해서 보아야 한다. 이러한 기술(사진-배경 식별하기 기술)이 아동에게 있는지 진단하기 위해서 도화지와 스티커를 이용한 사물책을 활용할 수 있다. 같은 색 도화지 10장을 3공 바인더에 끼운 후, 각 장마다 사물 스티커를 하나씩 붙이되, 다른 위치에 붙이도록 한다(예 : 좌측 상단, 중앙). 그리고 아동이 스티커를 떼어 버리지 못하도록 예방하고 오랫동안 사용할 수 있도록 스티커를 붙인 도화지를 클리어 파일에 넣는다.

아동 옆에 앉아 만든 책의 첫 장을 열고 "사진이 어디 있니?"라고 묻거나 "사진을 짚어 봐."라고 말한 후 5초 정도 기다린다. 아동이 스티커를 짚으면 기록지에 정반응(+), 스티커를 짚지 않으면 오반응(−)으로 표기한다(표 2-1 및 부록 A 참조). 각 장마다 아동이 보인 첫 번째 반응을 점수화한다. 예를 들어 배경을 먼저 만진 다음에 스티커를 짚었다면 오

표 2-1 ǀ 사진-배경 식별하기 : 드웨인(Duane)의 평가 기록지

회기	과제	날짜/시간	날짜/시간	날짜/시간
	사진-배경 식별하기	2010/1/18 오전 11 : 00	2010/1/18 오후 4 : 00	2010/1/19 오후 4 : 30
1		-	-	+
2		-	-	-
3		+	-	+
4		+	+	+
5		-	-	+
6		-	+	-
7		-	+	+
8		-	+	+
9		+	+	+
10		+	+	+
정반응 수		**4**	**6**	**8**

사진-배경 식별하기 기술을 측정하기 위해 사용된 평가 기록지의 예. 빈 양식은 부록 A 참조

평가 반응으로 표시한다. 10장 중 8장 이상에서 스티커를 짚었다면(80% 성공률) 사진-배경 식별하기 기술을 습득했다고 볼 수 있을 것이다.

아동이 사진-배경 식별을 할 수 없다면 직접 가르칠 수 있다. 특별한 간식이나 놀잇감을 활용하여 아동과 사물 책을 함께 보되, 이를 하루 중 여러 차례 하도록 한다. "사진을 짚어 봐."라고 말한 후, 아동이 오반응을 보일 것 같으면 손을 스티커 있는 쪽으로 재빠르게 이끎으로써 오류를 줄이게 한다. 아동이 혼자서 하지 못하고 도움을 받았을 경우 언어적 칭찬(예 : "잘했어, 사진을 찾았구나.")을 하고, 아동이 도움 없이 혼자서 스티커를 짚었을 경우 선호하는 놀잇감이나 간식을 제공하도록 한다.

이 책 전반에서는 건포도, 팝콘, 시리얼과 같은 음식 강화물에 대한 참고문헌을 많이 소개하고 있다. 일반적으로 중재 초반에는 자폐성 아동이 칭찬, 주의집중, 놀잇감을 중요하게 생각하지 않기 때문에 아동이 좋아하는 간식을 강화물로 사용한다. 그러나 아동이 스티커, 화폐, 특정 활동(예 : 짝짜꿍 놀이, 까꿍 놀이, 간지럼 태우기) 등을 좋아한다면 이를 강화물로 사용할 수 있다.

동일 사물 짝 짓기

활동 스케줄을 잘 사용할 수 있는 아동은 사진과 실제 사물을 일대일 대응할 수 있다. 예를 들어 빅버드(Big Bird, "세서미 스트리트"에 나오는 노란색 큰 인형_역주. 그림 2-1 참조) 사진과 빅버드 봉제 인형을 짝 지을 수 있다. 아동은 이 같은 사진과 실제 사물을 짝 짓기 전에 실제 사물끼리 짝 짓는 것을 배운다. 즉 동일한 사물임을 확인하는 것을 배운다. 자

그림 2-1 빅버드.

폐성 아동에게는 2차원 사물(예 : 빨간색 동그라미 2개)보다 3차원 사물(예 : 바나나 2개, 컵 2개)을 짝 짓는 것이 훨씬 쉽다.

아동이 동일 사물을 알아볼 수 있는지 진단하기 위해서 5개의 놀잇감이나 가정용품을 책상 위에 놓고 옆자리에 앉는다. 그리고 동일한 5개의 놀잇감이나 가정용품을 눈에 보이지 않는 곳(예 : 무릎 위, 주머니 안, 바닥)에 놓는다. 사물 중 하나(예 : 숟가락)를 책상 위에 놓으며 "가리켜 봐."라고 말한다. 아동이 그 사물을 가리킨 후에는 "찾아 봐."라고 말한다. 교사의 지시 후 5초 이내에 아동이 동일한 사물을 만지거나 잡았다면 정반응으로 기록한다(표 2-2 및 부록 A 참조). 아동이 동일하지 않은 사물을 만지거나 반응을 보이지 않을 경우 또는 5초 이후에 반응을 보일 경우 오반응으로 기록한다. 이를 10회 실시한다. 10회 중 8회 이상 동일한 사물을 짝 지을 수 있다면 이 기술을 습득했다고 볼 수 있다. 왜냐하면 부주의로 인해서 오류가 생길 수도 있기 때문이다. 아동이 동일 사물 짝 짓기(matching identical objects)를 배우지 못했다면, 앞서 언급한 신체적 안내, 칭찬, 강화물 등을 활용하여 가르칠 수 있다.

표 2-2 | 동일 사물 짝 짓기 : 주디(Judy)의 평가 기록지

회기	과제	날짜/시간	날짜/시간	날짜/시간
	동일 사물 짝 짓기	2010/1/27 오후 3 : 45	2010/1/28 오후 4 : 00	2010/1/29 오후 4 : 30
1	양말	–	–	–
2	숟가락	–	+	+
3	공	+	+	+
4	연필	+	+	+
5	고형비누	–	–	–
6	공	+	+	+
7	양말	–	+	+
8	연필	+	+	+
9	고형비누	–	–	–
10	숟가락	+	–	+
정반응 수		**5**	**6**	**7**

동일 사물 짝 짓기 기술을 측정하기 위해 사용된 평가 기록지 양식의 예. 빈 양식은 부록 A 참조.

사진-사물 일대일 대응 기술

사진-사물 일대일 대응 기술(picture-object correspondence skills)을 습득한 아동은 사물의 사진이 실제 사물을 의미함을 배운 것이다. 이 기술은 활동 스케줄 사용에 핵심적인 기술이지만, 많은 자폐성 아동은 사진과 실제 사물 간의 관계를 잘 알지 못해서 직접 교수가 필요하다.

아동이 사진과 실제 사물을 짝 지을 수 있는지 진단하기 위해서 같은 색깔의 도화지 5장을 3공 바인더에 넣어 책을 만든다. 그런 후 5개의 친숙한 사물을 사진 찍거나 잡지에서 오려서 각 도화지에 붙인 뒤, 사진 속 사물과 동일한 실제 사물을 모은다. 예를 들어 아동이 가장 좋아하는 음료수 사진을 준비한 뒤 동일한 음료수를 살 수 있다. 아동이 갖고 있는 인형이나 자동차 사진을 교재 교구 카탈로그에서 찾을 수 있다. 또는 사용하고 있는 수건과 동일한 사진을 광고 전단지에서 찾을 수 있다. 실제 사물과 사진 속의 사물은 정확하게 일치하여야 하고, 사진 속의 사물은 정확하게 하나만 있어야 한다.

아동 옆에 앉아, 제작한 책과 실제 사물을 책상 위에 올려놓는다. 첫 장을 펼친 후 사진을 가리키는 시범을 보이며 "가리켜 봐."라고 말한다. 필요한 경우 아동이 사진을 가리키도록 손을 움직여 준다. 그런 후 "찾아봐."라고 말하며 아동이 실제 사물을 고르도록 안내한다. 책에 있는

그림 2-2

사진-사물 일대일 대응 기술을 가르치기 위해서 사진을 가리키는 시범을 보이며 "가리켜 봐."라고 말하고, 아동이 사진을 가리키도록 안내한다. 그런 후 "찾아봐."라고 말하고 아동이 책에 있는 사진과 동일한 실제 사물을 집어서 해당 페이지에 올려놓도록 한다.

표 2-3 ㅣ 사진-사물 일대일 대응하기 : 로저(Roger)의 평가 기록지

회기	과제	날짜/시간	날짜/시간	날짜/시간
	사진-사물 일대일 대응	2010/2/9 오후 5 : 00	2010/2/9 오후 7 : 00	2010/2/10 오후 4 : 30
1	트럭	-	-	-
2	컵	-	+	+
3	신발	-	-	-
4	블록	-	-	+
5	칫솔	+	+	+
정반응 수		**1**	**2**	**3**

사진-사물 대응 기술을 측정하기 위해 사용한 평가 기록지. 빈 양식은 부록 A 참조.

사진과 동일한 실제 사물을 잡은 즉시 칭찬하며 특별한 관심을 보인다. 예를 들어 손뼉 치기, 휘파람 불기, 공중 띄우기, 안아 주기, 뽀뽀하기, 간지럼 태우기 등을 해 줄 수 있다.

다음번에 책을 사용하여 연습을 할 때 "가리켜 봐.", "찾아봐."라고 지시를 하고 5초 동안 기다린다. 아동이 도움 없이 혼자서 해당 사물을 가리키고 찾으면 정반응으로 기록하고, 5초 내에 사물을 가리키지 않거나 사진 속 사물과 다른 사물을 찾으면 오반응으로 기록한다(표 2-3 및 부록 A 참조).

5번의 기회 중 정반응이 최소 3회 이상 나타나지 않으면 사진과 실제 사물 간에 일대일 대응을 다시 가르칠 수 있다. 이때는 처음 했었던 절차를 다시 하도록 한다. 책 속에 사진을 가리키는 것을 시범 보이고 아동도 그 사진을 가리키고 동일한 사물을 찾도록 지원한다. 그리고 칭찬을 열정적으로 해 주고 관심을 쏟되, 시간이 지남에 따라서 성인의 도움을 점진적으로 감소시킨다. 아동이 성인 도움 없이 혼자서 사물을 찾은 경우, 칭찬과 관심뿐만 아니라 간식이나 놀잇감을 제공한다.

아동이 책의 모든 장에서 정반응을 보였다면 새로운 책을 사용하도록 한다. 사진과 사물을 다르게 선택하여 책을 만든 뒤, 처음 책을 보았을 때의 아동 반응을 평가한다. 5번의 기회 중 정반응이 최소 3회 이상 나타나지 않으면, 아동이 도움 없이 모든 장에서 정반응을 보이도록 가르친다. 이런 식으로 새로운 책을 만들고 그에 대한 반응을 평가하는 것을 지속한다. 새 책을 사용하였을 때 5번의 기회 중 아동의 정반응이 최소 3회 이상 나타날 때까지 계속해서 새로운 책을 만들고 아동의 발달 과정을 점검하도록 한다.

신체적 안내 활용하기

활동 스케줄을 가르칠 때 신체적 안내(manual guidance) 방법이 강조된다. 다른 사람이 손, 팔, 어깨 등에 손을 올리고 안내하는 것을 아동이 허용해야 활동 스케줄 사용법을 가르칠 수 있다. 많은 아동은 부모나 교사가 신체적 촉진을 할 때 불편해하지 않지만, 일부 아동은 소리 지르기, 울기, 저항하기, 도망가기 등의 행동을 한다.

신발 신기, 속옷 입기, 이 닦기, 수저 사용하기와 같은 과제를 습득하지 못한 아동이 그 과제를 수행하도록 도울 때를 잘 관찰해 보라. 이 활동 중에 신체적 촉진을 하면 거부감을 표현하는가? 대체적으로 이러한 유형의 지원에 편안함을 느끼는 아동이 활동 스케줄 사용방법을 잘 배운다.

신체적 안내를 거부할 경우 성인의 도움을 수용적으로 받아들이도록 돕는 여러 가지 방법이 있다. 아동이 즐기는 신체적 접촉 행동은 무엇인가? 간지럼, 목말, 공중 띄우기, 무릎 위에 앉기 등을 좋아한다면, 이러한 활동을 할 때 신체적 안내를 조금씩 시작하고 점차적으로 성인의 안내를 늘려 나가도록 한다. 예를 들어 아동의 손을 잡고 성인에게 간지럼을 태워 보도록 한 후에 성인이 아동에게 간지럼을 태우도록 한다. 그리고 신체적 안내를 제공하면서 침대나 의자에 올라가도록 해 본 후 목말을 태우도록 한다.

성인의 신체적 안내를 아동이 좋아하는 놀잇감이나 간식과 연계할 수도 있다. 먼저 아동이 특별 간식을 잡도록 안내하고, 점차적으로 성인의 신체적 접촉을 증가시킨다. 높은 선반 위에 아동이 좋아하는 놀잇감을 올려놓고 손을 뻗어 그것을 잡을 수 있도록 아동을 들어 올린다. 이때 아동이 저항하기, 울기, 때리기와 같은 문제 행동을 보이지 않으면, 아동이 참을 수 있는 한도 내에서 최대한으로 신체적 안내를 사용하도록 한다. 이러한 전략을 통해서 대부분의 아동들은 성인의 신체적 촉진을 수용할 수 있게 된다. 이 장과 다음 장에 소개된 새로운 기술을 가르치는 동안 오류를 예방하거나 정정할 때뿐만 아니라 강화를 전달하고 아동이 좋아하는 활동을 할 때도 신체적 안내를 사용할 수 있다.

활동 스케줄에 포함되는 활동

비즈 연결하기, 퍼즐 맞추기와 같은 기술은 활동 스케줄 사용에 필수적이지 않다. 아동은 활동 스케줄 사용을 배우는 동시에 새로운 작업 또는 놀이 기술을 습득하곤 한다. 하지만 아동이 이미 습득한 활동을 판

별할 수 있다면 보다 빨리 활동 스케줄 사용을 배울 수 있다. 모양을 분류하여 상자 안에 넣을 수 있는가? 사진 카드를 범주화하여 분류할 수 있는가? 나이프, 포크, 숟가락을 부엌 서랍 안에 분류하여 넣을 수 있는가? 아동이 이와 같은 과제를 할 수 있다면, 그러한 활동을 첫 활동 스케줄 안에 포함시킬 수 있다. 스티븐(Steven, 3세)은 블록 상자 안에 블록 넣기, 플라스틱 말과 양을 분류하기, 컵 쌓기를 할 수 있다. 활동 스케줄을 처음 가르칠 때 스티븐이 할 수 있는 이러한 활동을 포함시키면 보다 쉽게 가르칠 수 있다.

요약

이 장에서는 활동 스케줄 사용을 처음 배우는 아동의 선수기술을 진단하고 가르치는 방법에 대해 소개하였다. 이 밖에도 활동 스케줄을 가르치는 다양한 방법이 있다. 어떤 아동은 사진-사물 대응하기 및 활동 스케줄 사용기술을 동시에 배우기도 했다. 그래서 활동 스케줄 사용법을 배우는 데 많은 시간이 걸리긴 했지만 결국 활동 스케줄을 능숙하게 사용하게 되었다. 그러나 이 장에서 소개한 (1) 사진-배경 식별하기, (2) 동일한 사물 짝 짓기, (3) 사진-사물 대응하기 선수기술은 활동 스케줄 사용을 촉진하기 때문에 이를 아동에게 가르치는 것은 의미가 있다.

3

활동 스케줄 가르치기

브룩

브룩(Brook, 6세)은 페그보드하기, 단순한 모양 색칠하기, 하이파이브하기를 할 수 있었지만, 활동 스케줄을 배우기 전에는 이러한 활동을 타인의 지시가 있을 때에만 하였다. 브룩의 첫 활동 스케줄에는 5장의 사진이 포함되었는데, 그중 3장은 1) 페그와 페그보드 사진, 2) 크레파스와 종이 사진, 3) 선생님과 하이파이브하는 모습 사진, 즉 브룩이 할 수 있는 3장의 사진이 들어갔다. 나머지 2장의 사진은 4) 브리스틀(bristle) 블록 사진, 5) 건포도가 있는 접시 사진으로, 브룩에게 친숙하지 않은 사진이었다. 활동 스케줄 책의 각 장마다 이 사진들을 붙이고, 사진 속 실제 사물을 책상 옆 선반에 배치하였다.

몇 주 후 브룩은 "할 일을 찾아보자."라는 교사의 지시에 반응할 수 있었다. 즉 자신의 활동 스케줄 책을 펼친 후 첫 번째 사진을 가리키고, 선반에서 페그와 페그보드를 가져와 조립하여 사진 속에 있는 모양을 만든 후 사용한 물건을 다시 제자리에 정리하였다. 그런 후 활동 스케줄 책장을 넘겨 크레파스로 색칠하기 활동을 하였다. 다음으로 '하이파이브' 사진을 가리킨 후에는 손을 들어 선생님에게 가서는 하이파이브를 하였는데, 이러한 상호작용 활동은 강화물 역할을 하였다. 그리고 브룩은 마지막 활동으로 종이 접시를 가져와서 건포도를 먹은 후 접시를 휴지통에 버렸다. 이전에는 교사의 도움 없이 어떠한 활동도 할 수 없었지만, 사진 활동 스케줄을 활용한 후 20여 분 동안 놀이와 학습 활동에 적절하게 참여할 수 있었다.

활동 선택하기

자신에게 친숙하거나 자신이 할 수 있는 활동이 활동 계획표에 있으면 아동은 사용방법을 빠르게 배운다. 첫 활동 스케줄은 간략하게 만드는 것이 좋은데, 4~5개 이상의 활동을 포함하지 않도록 한다.

활동 스케줄을 처음 배우는 3~5살 유아에게 적절한 활동으로는 퍼즐, 컵 쌓기, 공중 띄우기 요청하기, 모양 맞추기, 선호하는 간식이 포함될 수 있다. 6~7살 유아에게는 선 따라 긋기, 자석판에 알파벳이나 숫자를 순서대로 나열하기, 간지럼 태워 달라고 요청하기, 레고 자동차 및 감자 인형(Mr. Potato Head, 그림 3-1 참조) 조립하기, 간식 요청하기와 같은 활동이 포함될 수 있다. 10살 아동에게는 옷옷 걸기, 화장실 사용하기, 손 씻기, 도시락 치우기(예 : 부엌에 물병 가져다 놓기, 식기 세척기에 도시락통 놓기, 냉동실 안에 냉매제 넣기), 정리 정돈을 마쳤다고 알리기, 간식 먹기와 같은 방과 후 활동이 포함될 수 있다. 아동이 자신의 활동 스케줄을 혼자서 능숙하게 수행할 수 있도록 하기 위해서 연령에 적절한 활동을 선택하는 것이 중요하다.

그리고 과제가 언제 끝나는지 명확하게 알 수 있는 활동을 선택해야 한다. 모든 퍼즐조각이 제자리에 놓여야 퍼즐이 완성된다. 모든 페그가 페그보드에 꽂혀 있어야 활동이 끝난다(과제의 난이도를 조정하

그림 3-1 감자 인형.

기 위해서는 페그의 수를 조정할 수 있다). 그리고 선 따라 그리기를 다 했거나 모양을 다 색칠했을 때, 작업이 끝난 것이다. 이때 아동의 수준에 따라서 과제의 길이와 난이도를 조정해 줄 필요가 있다.

■ 그림 3-2
이스탄불에 사는 오스만(Osman, 5세)은 성인의 도움 없이 스스로 사진 활동 스케줄을 사용한다.

활동을 선택할 때, 지역사회에 있는 놀잇감 판매점이나 교재 교구 카탈로그를 참고할 수 있으며, 혹은 가족에게 중요하거나 자녀의 현재 기술과 흥미를 반영한 교재 교구를 직접 제작할 수 있다. 예를 들어 게시판, 파일, 벨크로 테이프를 사용하여 짝 짓기 교구를 만들 수 있다(엄마 사진 밑에 있는 글자와 동일한 글자 M, o, m 연결하기). 또는 숫자-사물 일대일 대응 과제를 만들 수 있다(예 : 두 마리의 강아지 사진 옆에 숫자 2 붙이기, 다섯 마리의 공룡 사진 옆에 숫자 5 붙이기, 그림 3-3 참조).

아동이 선호하는 간식이나 놀이 활동으로 첫 활동 스케줄을 마무리하는 것이 중요하다. 그리고 그러한 강화를 다른 시간에는 허용하지 않고, 활동 스케줄을 사용하는 시간에만 허락하는 것이 중요하다.

활동 스케줄에 포함될 활동을 선택한 후에는 아동이 활동 교구를 쉽게 가져오고 정돈할 수 있도록 도와야 한다. 일례로 활동 교구를 떨어뜨리지 않도록 하기 위해서 플라스틱 바구니 등을 활용할 수 있다. 이러한

■ **그림 3-3** 숫자-사물 일대일 대응 과제.

정리장을 사용하면 아동이 작은 조각을 분실하는 것을 최소화할 수 있고, 정해진 곳에 활동 교구를 잘 반납하도록 돕는다.

사진 찍기

활동 스케줄에 사용될 사진을 찍기 위해서 사진가가 될 필요는 없지만, 몇 가지 규칙을 아는 것은 중요하다. 먼저 사진에는 해당 교구나 활동만 들어가야 하며, 혼란을 주거나 방해가 되는 사물이나 활동이 들어가서는 안 된다. 해당 교구나 활동이 프레임에 가득 차도록, 그리고 배경과 명확하게 대조되도록 사진을 찍는다. 초점이 잘 맞지 않거나 노출이 적절하지 않은 사진은 사용하지 않는다.

사진을 잘 찍지 못할 경우, 날씨가 좋을 때 야외에서 사진 찍는 것을 추천한다. 단색 카펫, 합판, 커다란 게시판, 단색의 책상 상판, 무반사 사물을 이용하여 단순한 배경을 만들 수 있다. 그늘이 약간 진 곳에서 사진을 촬영하면 노출이 좋아져서 그림자가 사진에 나타나지 않게 된다.

가능하다면, 하나의 활동에 사용되는 모든 자료를 찍되, 그것들이 어떻게 활용되는지 나타나도록 배열하여 사진을 찍는다. 예를 들어 다섯 조각의 퍼즐 중 네 조각은 이미 맞추어져 있고 하나의 조각만을 퍼즐 옆에 두고 찍을 수 있다. 또는 바구니에 컵 쌓기 교구를 놓고 바구니 옆에는 일부 쌓여진 컵을 놓고 찍을 수 있다. 유아가 간식으로 종이 접시에 담긴 M&M 초콜릿을 먹는다면, 유아에게 제공되는 그대로(예 : 접시에 담긴 M&M 초콜릿)의 모습을 사진에 담는다. 또는 자신이 먹고 싶어 하는 간식으로 주스가 담긴 유리컵, 쿠키, 쿠키 접시 사진이 제공될 수 있다.

전문 사진가들은 빛의 노출을 고려하여 최고의 환경에서 사진을 찍는다. 셔터 속도를 빠르거나 느리게 하고, 렌즈 구경(口徑) 크기가 크거나 작은 것을 사용한다. 그리고 동일한 사진을 여러 장 찍은 후 그중에서 제일 잘 나온 사진을 선택한다.

디지털 카메라와 프린터를 사용하면 사진을 저장하고 재사용하기가 쉽다. 많은 부모와 전문가들은 사진 자료실을 활용하는데, 상업적으로 시판되는 사진 자료실(예 : Silver Lining Multimedia, 2000; Stages Learning Materials, 1997)이 유용하게 사용될 수 있다. 아동이 현재 새로운 활동 스케줄을 사용하고 있더라도, 여행, 병원, 친척 집 등에서는 이전 활동 스케줄을 활용할 수 있다. 예를 들어 아동이 현재 고난이도의 레고 자동차 조립 활동을 활동 스케줄을 통해서 배우고 있다면, 할머니 댁에서는 이전에 사용했던 좀 더 쉬운 레고 자동차 조립 사진을 재활용할 수 있다.

활동자료 준비하기

활동자료를 모아 정리하라. 이때 아동의 체격, 연령, 운동 기술을 고려하여, 활동 사진을 9×12 또는 7×9인치, 아니면 그보다 더 작은 사진 앨범에 넣는다. 3공 바인더를 사용하면 활동 스케줄 책을 펼쳤을 때 평평해져서 사용하기에 편리하다.

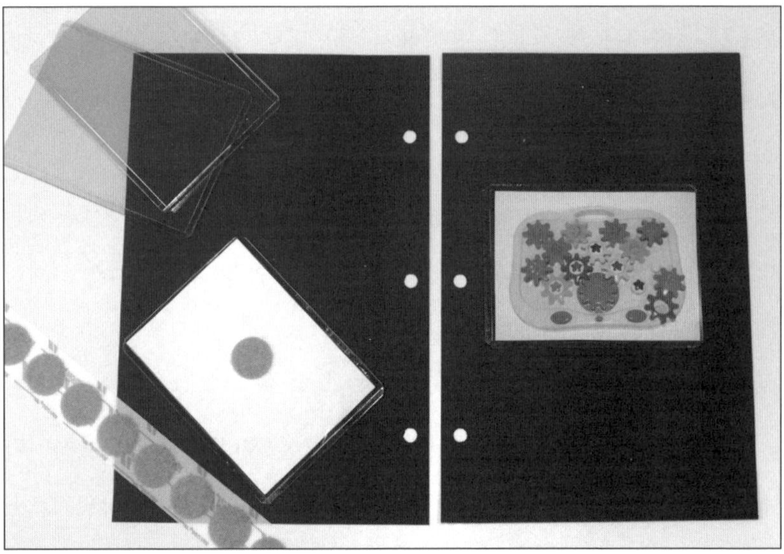

그림 3-4
첫 사진 활동 스케줄. 플라스틱 카드 홀더에 사진을 넣고 홀더 뒷면에 벨크로 테이프를 붙여서 해당 장에 붙인다.

4~5장의 도화지를 클리어 파일 속지에 넣고 바인더에 끼운다. 모든 책장을 동일하게 제작하여(예 : 색깔, 기타 자극), 아동이 사진에 주의 집중하는 데 방해가 되는 불필요한 자극을 없앤다. 사진은 상점에서 쉽게 구입할 수 있는 플라스틱 카드 홀더에 넣도록 한다.

마지막으로 각 책장의 중앙과 플라스틱 카드 홀더 뒷면에 동그라미 또는 네모 모양의 벨크로 테이프를 붙여서, 떼었다 붙였다 할 수 있게 한다. 이렇게 하면 활동 사진의 순서를 바꾸기가 쉽다. 6장에서 사진을 재배열하는 것의 중요성에 대해 좀 더 논의하기로 하자.

활동 순서를 다양하게 변화시켜야 한다. 왜냐하면 아동에게 퍼즐 활동을 3개 하게 한다거나 점 연결하기 과제를 네 번 하도록 한다면 흥미가 시들해질 수 있기 때문이다. 만약 활동 스케줄 책에 활동지 과제를 2개 넣었다면, 그러한 활동을 연달아 배열하는 대신에 수건 개기, 블록 쌓기와 같은 다른 활동 사이에 넣도록 한다. 그리고 아동이 선호하는 간

표 3-1 | 첫 번째 활동 스케줄 준비 자료

스케줄 • 카메라와 필름 또는 디지털 카메라와 프린터 • 무반사 배경 • 스케줄에 포함시킬 활동자료 • 3공 바인더 혹은 앨범 • 클리어 파일 속지 • 도화지 • 벨크로 테이프 • 사진 • 플라스틱 카드 홀더	**토큰 시스템** • 클립보드 • 동전, 별, 스티커, 웃는 얼굴 • 벨크로 테이프 **사회적 상호작용 활동** • 버튼형 음성 녹음기* • 카드 판독기와 카드* **가정 환경** • 책장, 선반, 책상 면 • 휴지통, 바구니, 식기세척기, 신발장

* 버튼형 음성 녹음기(부록 B 참조)와 카드 판독기(부록 C 참조)는 선택사항이며, 이는 사진이나 텍스트로 대체할 수 있다.

식이나 활동으로 마지막 사진을 구성한다.

보상 선택하고 준비하기

아동이 현재 좋아하는 강화는 무엇인가? 아동의 올바른 행동을 좋아하는 음식물로 강화하고 있는가? 아동은 별, 스티커, 웃는 얼굴, 토큰과 같은 강화에 익숙한가? 아동이 토큰 시스템을 알지 못하더라도 활동 스케줄을 가르칠 수는 있다. 그러나 아동에게 토큰 시스템을 가르치면 활동 스케줄 사용법을 좀 더 빨리 가르칠 수 있다.

동전을 활용한 토큰 시스템을 강화로 사용하면 다음과 같은 점이 좋다. 먼저 아동에게 돈의 가치를 알게 해 주고, 동전을 식별하고 셀 수 있도록 도우며, 다른 아이처럼 용돈을 줄 수 있게 된다(입 안에 작은 사물을 넣는 아동에게는 포커 칩, 블록, 퍼즐조각과 같은 보다 큰 형태의 토큰을 사용하도록 한다).

아동에게 토큰 시스템을 두세 차례의 교수를 통해서 가르칠 수 있다. 먼저 아동에게 친숙한 활동을 하게 하며 보편적 강화물을 사용하도록 한다. 예를 들어 가족 구성원, 보편적 사물 사진, 알파벳 글자를 가리키거나 명명하기를 가르치고, 아동이 정반응을 보이면 쿠키나 프레즐을 한 입 베어 물게 하거나 음악이 나오는 놀잇감을 가지고 놀게 해 준다. 평상시처럼 교수를 하되, 아동이 정반응을 보이면 교사는 아동에게 동전을 주며, “선생님에게 동전을 주렴. 네게 쿠키를 줄게.”라고 즉각 말하며 동전과 쿠키를 교환한다. 가능하다면 아동이 두 번 반응할 수 있도록 한다. 그런 후 쿠키, 프레즐, 놀잇감과 같은 강화를 습득하기 위해서 필요한 동전의 수를 점차적으로 늘리도록 한다.

아동이 좋아하는 강화물(예 : 쿠키)과 동전을 일관적으로 연결할 수 있다면 동전의 가치를 배울 것이다. 점차적으로 강화물 교환에 필요한 동전의 수를 늘려 나감으로써, 아동이 보상에 질리지 않도록 한다. 필요한 경우 아동이 먹을 수 있는 쿠키와 프레즐 수를 제한하도록 한다.

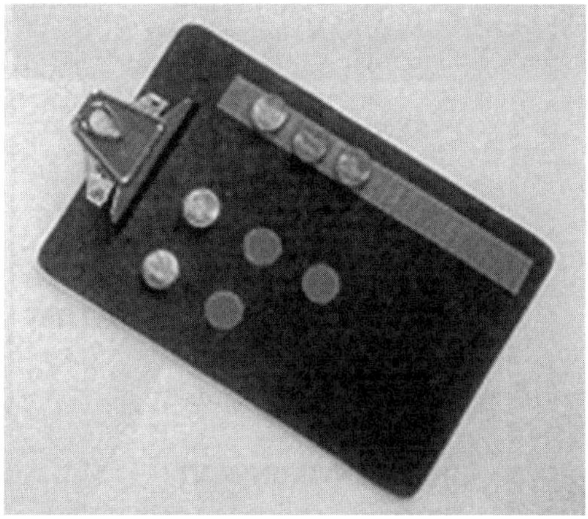

그림 3-5
페니 동전을 사용하는 토큰 시스템. 벨크로 테이프를 사용하여 페니를 클립보드에 붙였다.

동전을 토큰으로 사용하기 위해서, 동전을 모을 수 있는 작은(6×9인치) 클립보드를 사용할 수 있다(그림 3-5 참조). 이때 각 동전의 뒷면과 클립보드 위에 벨크로 테이프를 붙여서 사용하도록 한다. 그리고 아동이 통상적으로 얻는 토큰의 수에 기초하여, 토큰을 아동이 선호하는 음식, 놀잇감, 활동으로 교환하도록 한다. 한편 사용하지 않는 동전을 보관하기 위해서 클립보드 가장자리에 길고 좁다란 벨크로 테이프를 붙여 놓을 수 있다.

동전 대신에 플라스틱 글자나 숫자를 토큰으로 사용할 수도 있다. 교사가 아동에게 알파벳 글자를 전해 주면서 "A!", "B구나."라고 말하거나 숫자를 주면서 "숫자 일!", "이!"라고 말하면, 아동은 알파벳 글자나 수의 식별을 배울 수 있다. 이 외에도 가족, 동물, 아동이 좋아하는 만화

캐릭터의 코팅 사진이 토큰으로 사용될 수 있는데, 이는 아동의 흥미를 높일 뿐만 아니라 언어도 향상시킨다.

환경 구성하기

많은 부모들은 자녀가 물건을 사용한 뒤 사용한 물건을 제자리에 정돈하기를 바란다. 이는 자폐성 아동 부모를 포함한 모든 부모의 바람이다. 하지만 아동이 놀잇감, 옷, 음식, 활동자료를 놓아야 할 위치를 잘 모르면 정리정돈을 잘할 수 없다. 그러므로 아동에게 활동 스케줄 사용 기술을 가르치도록 돕기 위해서는 아동의 생활 및 학습 환경을 조직화하는 것이 필요하다.

아동에게 활동 스케줄 사용을 가르치기 전에, 먼저 적절한 환경(교실, 침실, 거실)을 확인하고, 선반, 책장, 책상 등에 활동자료를 놓되, 아동의 손이 닿고 쉽게 찾을 수 있는 곳에 놓는다. 그리고 활동을 마친 후 바구니에 담아 제자리에 돌려놓을 수 있도록 충분한 공간이 있는지 확인한다. 공간이 충분하지 않을 경우 선반이나 책장을 추가로 구입할 수 있다. 또한 방과 후 활동 스케줄을 가르치고자 한다면, 접시, 쿠키, 냅킨, 주스 등을 보관하고 있는 부엌 찬장, 서랍, 냉장고 선반 등이 있는지 확인하라.

사회적 상호작용 기술 가르치기

자폐성 유아 고든(Gordon)의 경우 활동 스케줄에 사회적 상호작용 활동을 포함하였다. 고든은 2살 때 처음으로 활동 스케줄 사용기술을 배웠다. 당시에는 말을 할 수 없었기 때문에 비눗방울 불기 활동을 하였다. 고든이 활동 스케줄에 있는 비눗방울 놀이 사진을 떼어내어 엄마나 아빠에게 보여 주면, 부모님은 "비눗방울!", "비눗방울 재미있어!"와 같이 말한 뒤 고든이 비눗방울 불기 활동을 하도록 허락했다.

3살이 된 고든은 단어와 구를 따라 할 수 있게 되어서 교사는 사회적 상호작용 활동을 활동 스케줄에 넣고 버튼형 음성 녹음기(그림 3-6 참조)를 사용하였다. 교사는 사전에 녹음 버튼을 눌러 해당하는 말을 녹음하였고, 사회적 활동 사진, 즉 호랑이 손 인형 사진을 활동 스케줄 책에 붙였다(그림 3-7a 참조). 그리고 고든이 그 사진을 가리키고, 근처에서 손 인형을 찾은 뒤, 녹음기 버튼을 눌러서 사전에 녹음한 "여기 보세요."라는 말이 나오도록 했다(그림 3-7b 참조). 고든이 인형을 들고 선생님에게 다가가서 녹음기에서 나오는 소리, 즉 "여기 보세요."를 모방할 경우, 선생님은 아동이 이해할 수 있는 단어, 즉 "호랑이가 으르렁하네."와 같이 말하며 반응하였다(그림 3-7c 참조). 그런 후 간지럼 태우기, 위아래로 흔들기, 공중 띄우기 등과 같은 보상을 제공하였다.

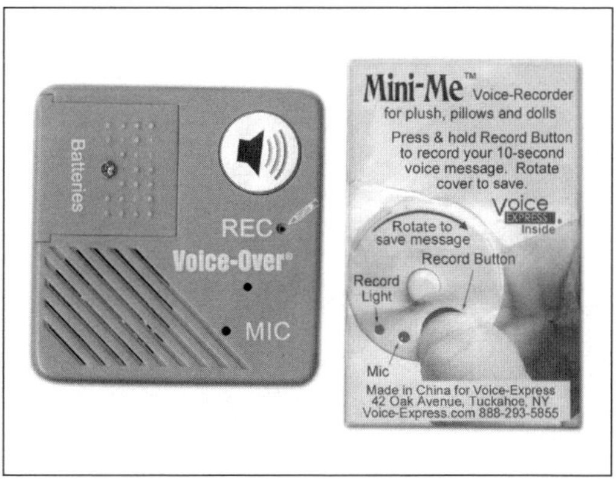

그림 3-6
버튼형 음성 녹음기. 주문을 위한 정보는 부록 B 참조.

1장에서 활동 스케줄에 사회적 상호작용 과제를 포함하는 것이 중요하다고 언급하였다. 활동 스

■ 그림 3-7a
손 인형 사진을 포함한 고든의 활동 스케줄.

■ 그림 3-7b
손 인형을 찾고 "여기 보세요." 말이 나오는 버튼을 누른다.

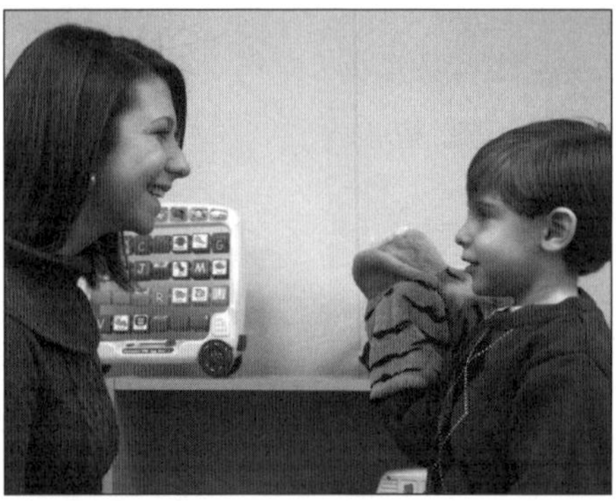

■ 그림 3-7c
손 인형을 가지고 옆에 있는 성인에게 "여기 보세요."라고 말한다.

케줄에 사회적 상호작용 과제를 포함하기 위한 방법에는 여러 가지가 있다. 먼저 다른 활동과 마찬가지로, 사진으로 사회적 과제를 나타낼 수 있다. 예를 들어 한 손을 들고 있는 아동의 사진은 손을 흔들며 "안녕"이라고 인사하라는 의미일 수 있다. 부모 앞에 서서 두 손을 들고 있는 사진은 공중에 띄워 달라고 요청하는 것일 수 있고, 목말 타는 사진은 부모님에게 가서 목말을 태워 달라고 하는 것일 수 있다. 아직 발화를 하지 못하는 아동은 이러한 사진을 통해서 사회적 활동을 시작하거나 사회적 활동에 참여할 수 있다.

아동이 일견단어를 읽을 수 있다면, 글을 활용하여 사회적 상호작용을 가르칠 수 있다. "주스" 혹은 "간지럼"과 같은 단어를 통해서 아동은 "주스를 마시고 싶어요." 또는 "간지럼 태워 주세요."라는 의미를 전할 수 있다. 만약 읽기기술이 충분하게 발달되어 있을 경우, 활동 스케줄에 "다 했어요.", "활동지를 끝마쳤어요.", "내 사진을 보세요."와 같은 단문을 포함시킬 수 있다.

경험에 비추어 보면, 활동 스케줄을 처음 배우는 아동들은 읽기가 능숙하지 못하고 말을 막 배우기 시작한 경우가 많다. 비록 단어 몇 개를 모방할 수 있더라도, 자발화가 없거나 사회적 시작행동을 보이지 않아서 이러한 것들이 주요 교수 목표가 되곤 한다. 이러한 아동의 경우, 버튼형 음성 녹음기 또는 카드 판독기가 활동 스케줄의 요소로 포함되곤 한다(그림 3-8 참조).

카드 판독기는 소리 녹음 기능이 장착되어 있는 특별한 카드로 작동할 수 있는데, 녹음 기능과 재생 기능을 한다. 부모 또는 전문가는 카드 판독기를 사용하여 아동이 해야 할 말을 녹음한다. 아동이 자신의 활동 스케줄에 있는 사진과 카드를 보고, 카드 판독기에 그 카드를 넣어 사전에 녹음한 말을 들은 후 가족이나 교사에게 이를 모방하여 말하도록 가르친다. 예를 들어 아동은 세발자전거 사진과 카드를 보고, 버튼을 눌러 "저를 잘 보세요." 말을 재

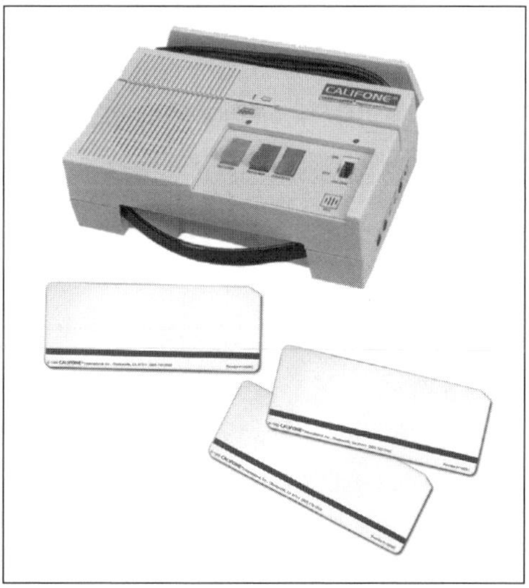

그림 3-8
카드 판독기와 카드. 주문을 위한 정보는 부록 C 참조.

생한 후 부모에게 이를 모방하여 말한 뒤 세발자전거를 탈 것이다. 다른 활동에서 아동은 포옹 사진과 카드를 보고 버튼을 눌러 "사랑해요."를 재생한 뒤 부모에게 가서 그 말을 하고 부모는 자녀를 껴안아 줄 것이다. 또 다른 활동에서 아동은 부모에게 "퍼즐을 다 맞췄어요."라는 말을 할 수 있다. 그림 3-8은 카드 판독기와 카드이고, 부록 C에서 구입 방법에 대한 정보를 볼 수 있다.

아동이 활동 스케줄 사용 방법에 능숙하게 되면, 사진, 일견단어, 버튼형 녹음기, 카드 판독기와 카드를 사용하는 것을 배울 수 있다. 하지만 아동이 독립적으로 대화를 시작하고 상호작용 주제와 파트너를 선택할 수 있도록 이러한 단서가 용암(fade)될 수 있다. 시각적 및 청각적 스크립트 용암 절차는 10장 및 자폐성 아동에게 대화법 가르치기(*Teaching Conversation to Children with Autism: Scripts and Script Fading*) (McClannahan & Krantz, 2005)에서 자세하게 설명하고 있다.

아동의 활동 스케줄에 카드 판독기 사용을 포함할 계획이라면, 이를 책상, 선반 등 아동의 손이 닿기 쉬운 곳에 배치해야 한다. 그리고 사전에 녹음한 카드를 활동 스케줄 책에 포함해야 한다.

로손

로손(Lawson)에게 쿠키 한 입 베어 물기 대신에 동전을 보상으로 가르치고 난 몇 주 후에, 언니인 세실리(Cecily)는 로손이 자신의 수납장 위에 놓여 있는 컵에서 동전을 훔쳐 갔다고 했다. 이는 로손이 동전의 가치를 알고 있음을 보여 주는 행동이라고 생각해서 기뻤다!(우리는 세실리에게 새로운 동전 지갑을 주고 그곳에 동전을 보관하게 했다.)

루이스

루이스(Lewis)는 3살이 채 되지 않았을 때 활동 스케줄 사용 방법을 배웠다. 교구 카탈로그에서, 정리장에 맞는 다소 무거운 플라스틱 정리함을 발견했다. 사진만 보고 루이스에게 놀잇감 정돈을 완벽하게 가르칠 수 있을 거라 생각했다. 그러나 그는 너무 어려서 물건을 옮길 때면 항상 정리함을 떨어뜨려서 안에 있는 내용물을 바닥에 쏟았다. 그리고 정리함 안을 볼 수 있을 만큼 키가 크지 않았기 때문에 실수를 많이 했다. 원목 퍼즐이 담긴 정리함을 되돌려 넣기 위해서 그것을 들어 올리면 무게 때문에 휘청거리며 머리를 바닥에 쿵 하고 떨어뜨리며 넘어졌다. 그래서 책장을 형 방으로 옮기고 낮은 책장과 다루기 쉬운 가볍고 투명한 플라스틱 정리함을 구입했다. 정리함을 바꾼 후 활동 스케줄 사용법을 훨씬 빨리 가르칠 수 있게 되었다.

로스

로스(Ross)는 청소기를 사용하여 거실을 청소하는 방법에 대해 알고 있지만, 누군가 시키지 않으면 절대로 그 행동을 하지 않는다. 그래서 거실에서 청소기 손잡이를 잡고 있는 로스 사진을 찍고, 그 사진을 활동 스케줄에 붙였다. 로스는 페이지를 넘겨 그 사진을 볼 때마다, 상에 놓인 사탕 접시로 곧장 간 뒤에 활동 스케줄로 다시 되돌아왔다. 어느 날 저녁 로스의 발달 상황에 대해 논의하던 중, 활동 스케줄 책을 훑어보다가 사진의 검은색 배경에서 사탕 접시를 발견하였다. 로스에게 사탕 접시는 매우 중요한 것으로 인식되었던 것이다. 그래서 우리는 다음 날 로스의 주위배경을 하얀색으로 하고 사진을 다시 찍었다. 로스는 이미 예전 사진으로 연습을 많이 했기 때문에, 오류 없이 활동을 하기까지 몇 주의 시간이 걸렸다.

4

다양한 교수 방법

활동 중 아동에게 신체적 도움을 제공하는 것이 일반인들에게는 다소 신기하게 보일 수 있다. 그럼에도 왜 이 책에서는 이러한 교수절차를 추천하는가? 촉진절차를 생각해 보자.

촉진(prompts)은 아동의 정반응을 높이기 위해서 사용되는 교수, 몸짓, 시범, 접촉 등을 말한다. Lovaas(1977)는 촉진을 "훈련 전이나 최소한의 훈련으로 정반응을 이끌어 주는"(p. 20) 사건으로 정의하였다. 예를 들어 교사가 "일어서."라고 말하였는데 아동이 일어나지 않으면, 어른은 아동에게 신체적 도움을 제공하여 일어나게 할 수 있다. 물론 우리의 목표는 가능한 빨리 촉진을 제거하여 아동이 성인의 도움 없이 정반응을 스스로 보이도록 하는 것이다.

비연속개별시도(discrete-trial) 언어 훈련에서는 아동이 해야 할 말을 직접 가르쳐 줌으로써 촉진한다(예를 들면, "이게 무엇이지? '사과'라고 말해 봐."). 일반적인 비연속개별시도 훈련은 성인이 지시나 질문을 하고 아동은 반응을 한다. 아동의 정반응에 성인이 간식이나 놀잇감과 놀기와 같은 보상을 하면 아동은 보상을 즐긴 후 다음 훈련을 기다린다. 이 같은 훈련에서 아동의 반응은 기다리기, 반응하기, 보상 즐기기(use or consume a reward)로 나타난다. 따라서 수동적으로 기다리는 아동의 행동도 반복적으로 보상되고 있기 때문에(McClannahan & Krantz, 1997) 많은 자폐성 아동은 성인의 지시 없이는 말을 하지 않거나 과제를 수행하지 않게 된다. 이에 자폐성 아동이 활동 스케줄을 독립적으로 사용하도록 가르치는 것이 필요하다. 즉 자폐성 아동이 성인의 지시 없이 활동을 시작하여 끝마친 후 다음 활동을 하도록 가르쳐야 한다.

활동 스케줄 사용방법을 가르치는 절차는 일반적인 교육 방법과 다르다. 보통 일반 교사는 최소-최대 촉진법(least-to-most prompts)을 사용한다. 교사는 질문을 하고("쇄골이 어디 있지?"), 학생이 대답하지 못하거나 틀리게 대답했으면 정반응을 시범 보인다("선생님이 어디를 가리키는지 보렴."). 성인의 시범에도 학생이 정반응을 보이지 않으면, 교사는 아동의 손을 어깨 쪽으로 유도하고 답을 말해 준다("여기가 너의 쇄골이야.").

일반 아동에게는 최소-최대 촉진법이 효과적일 수 있어도 자폐성 아동에게는 성공적이지 않을 수 있다. 왜냐하면 아동이 오류를 많이 보이기 때문이다. 오류를 보인 후 아동에게 다시 그 행동을 하게 하면 회피반응이 나타난다. 그리고 오반응에는 보상이 주어지지 않기 때문에 아동은 주의가 흐트러지고 방해 행동을 보이게 된다.

신체적 안내의 필요성

활동 스케줄 사용방법을 가르치는 데 사용되는 절차는 신체적 안내(manual guidance)와 함께 최대-최소 촉진법(most-to-least prompts)이다. 오류를 예방하기 위해서 처음에는 완전한 신체적 안내로 시작하다가 아동이 정반응을 보임에 따라서 안내를 점진적으로 줄여 나간다. 신체적 안내를 주의 깊게 감소시켜 나가는 방법을 점진적 안내(graduated guidance)라고 한다. 그런 후 공간용암법(spatial fading), 그림자 전략(shadowing), 물리적 거리 늘리기로 이동하는데, 이 장 후반부에서 살펴보기로 하자. 이러한 절차들은 자폐성 아동의 독립성을 촉진하여 즉각적 감독 없이 활동에 스스로 참여하도록 돕는다(Pierce & Schreibman, 1994).

교수 전 준비사항

교수하기 전에 먼저 활동자료를 배열한다. 작업할 책상의 좌측에 활동 스케줄을 놓고, 그 책상이나 근처 다른 책상에 활동자료를 배열한다. 이때 사용 순서대로 활동자료를 배열한다.(여러 가지 활동 기술을 연마한 후에는 활동자료를 재배열하고 아동에게 찾게 한다.) 아동이 책상에서 작업을 하거나 놀기를 원한다면 활동자료를 근처에 놓도록 한다. 만일 아동이 바닥에서 활동하기를 원한다면 활동자료를 아동 가까운 곳에 두되, 복잡하지 않고 장애물이 없는 곳에 둔다. 공간을 여유롭게 확보하여 활동 스케줄 책이 항상 눈에 띄도록 한다.

간식을 보상으로 사용한다면(예 : 치즈 몇 입, 사과나 쿠키 몇 조각, 포도, 시리얼), 접시에 담아 사용하기 편리한 곳에 둔다. 먹는 데 시간이 걸리는 많은 양의 간식(예 : 캐러멜, 젤리, 사탕)은 보상으로 사용하지 말고, 아동이 오류를 보였을 때도 간식을 먹지 않도록 하라. 토큰 시스템을 사용하는 경우 그것을 아동 가까이에 두도록 한다.

표 4-1 | 활동 스케줄 사용 방법 교수절차

준비하기
- 활동자료 배치하기
- 보상 준비하기
- 근처에 토큰 두기

⬇

초기 지시하기
(예 : "해야 할 일을 찾아보자.")

⬇

완전한 신체적 안내 사용하기
- 책을 펼치거나 책장 넘기기
- 사진 가리키기
- 활동자료 선택하기
- 과제 완수하기
- 활동자료 정돈하기

보상 전달하기
- 뒤에서 음식물 제공
- 뒤에서 토큰 제공
- 토큰을 가시적으로 제공

⬇

촉진용암 절차 사용하기
- 점진적 안내
- 공간용암법
- 그림자 전략
- 물리적 거리 늘리기

⬇

오류 수정 절차 사용하기
- 이전의 촉진용암 절차로 돌아가기
- 활동 스케줄 책을 덮고 회기 다시 시작하기
- 다시 시작하기, 신체적 안내로 되돌아가서 전체 활동 스케줄을 다시 가르치기
- 보상의 가치 재평가하기
- 오류가 많은 활동을 새로운 활동으로 대체하기

아동에게 온전한 관심을 쏟는다면 도움이 된다. 예를 들어 수업 중에는 울리는 벨 소리나 전화 소리에 응답하지 않거나 가족이나 동료들과 이야기를 하지 않는다. 하지만 TV 소리, 형제자매나 다른 학생들의 놀이 소음, 가족이나 치료사들의 방문 등으로 인한 소음에 대해서는 걱정할 필요가 없다. 왜냐하면 자폐성 아동은 주의가 흐트러지는 상황에서도 활동에 참여할 수 있어야 하기 때문이다.

초기 지시

가르칠 준비가 되었으면 아동에게 "놀잇감을 가지고 놀자.", "해야 할 일을 찾아보자.", "방과 후 활동을 해야 할 시간이야."와 같은 지시를 하라. 아동이 활동 스케줄 사용 방법에 능숙해졌더라도, 적절한 지시를 하라. 즉 "가서 놀자.", "할 일 하자."와 같이 다른 아동에게도 할 수 있는 지시를 한다.

이러한 지시는 한 번만 한다. 아동이 교사와의 상호작용 사진을 선택하거나 자신의 활동 스케줄을 마칠 때까지 아동에게 말하지 않도록 한다. 성인의 지시 없이 스스로 하는 것을 아동에게 가르치고 있음을 명심하라.

신체적 안내

지시를 한 후 아동의 뒤에 서서 활동 스케줄에 있는 활동을 하도록 어깨나 팔 위쪽을 잡고 도와준다. 아동의 손 위에 손을 얹고, 아동이 활동 스케줄을 보고 첫 번째 사진을 가리키도록 하라. 그런 후 아동이 활동자료를 찾아서 바닥이나 책상으로 옮기도록 유도한다.

다음으로 아동이 활동 스케줄에 있는 순서대로 과제를 완수하도록 안내한다. 친숙한 과제일 경우(예 : 퍼즐) 오류를 예방할 정도로만 촉진을 하며, 퍼즐을 다 맞추고 나면 선반이나 책상에 되돌려놓도록 한다. 그런 후 활동 스케줄에 있는 다음 활동 사진을 가리키고, 활동자료를 찾아와서 과제를 하도록 안내한다.

활동 스케줄에 있는 모든 활동에서 이러한 절차를 반복한다. 아동이 다음을 하도록 신체적으로 도와주라.

1. 활동 스케줄 책을 펼치거나 책장 넘기기
2. 사진 가리키기
3. 사진 속 활동자료를 찾아 작업 장소로 가져오기
4. 과제 완수하기
5. 과제 완수 후 활동자료를 제자리에 놓기
6. 활동 스케줄 책장 넘기기

부모와 교사는 이러한 과정에서 아동에게 언어적 지시를 하지 않는 것을 제일 어려워한다. 하지만 활동 중에 언어적 지시를 할 경우 아동의 독립성 성취에 방해가 됨을 기억하라.

보상 제공하기

활동 스케줄 사용 방법을 가르칠 때 보상을 자주 사용하도록 한다. 보상으로 음식물을 사용할 경우 아동 뒤에서 주거나 입에 직접 넣어 줄 수도 있다. 그리고 보상은 아동이 적절한 행동을 보인 시점과 거의 동일한 시점에 제공한다. 가능한 자주 보상을 주되, 아동이 늑장을 부리거나, 오류를 보이거나, 안내에 협조적이지 않고 짜증이나 상동행동을 보인다면 보상하지 말라.

토큰 시스템을 학습한 아동에게는 즉각적인 음식물 강화물을 보상으로 사용할 필요가 없고, 동전, 스티커, 웃는 얼굴 등을 보상으로 사용할 수 있다. 토큰판을 아동 주변에 배치하고 정반응에 대해서만 토큰이 주어지고 있음을 아동이 알게 한다. 토큰은 아동의 앞이 아니라 뒤에서 제공해야 하며, 반드시 아동의 정반응에만 줘야 한다. 신임 교사나 치료사 연수를 통해서 아동의 올바른 행동에 대한 보상이 행동의 미래 발생률을 증가시킨다는 것을 우리는 배웠다.

아동이 활동 스케줄에 있는 사진을 가리킬 때 보상을 주면 사진을 가리키는 행동이 증가할 것이다. 아동이 멍하게 있을 때 보상이 주어지면 그러한 행동이 증가할 것이다. 그러므로 원치 않는 행동을 강화하지 않도록 조심하라.

활동 스케줄 사용 방법을 배우는 많은 아동들은 약 4~5개의 토큰을 얻을 수 있다. 그럴 경우 다른 실질 강화물과 토큰을 함께 사용할 수 있다. 예를 들어 아동이 사진을 가리키거나 활동자료를 가져오거나 활동을 완수하였을 경우, 과자 한 입 베어 물기를 강화로 사용할 수 있다. 그리고 활동자료를 다시 제자리로 돌려놓았을 때 토큰을 줄 수 있다. 마지막 행동에 대해 토큰을 제공하는 것은 토큰의 가치를 증가시킬 수 있다. 아동이 모은 토큰은 칭찬과 관심이 동반된 놀잇감, 간식, 간지럼 태우기, 놀이 활동 등으로 교환될 수 있다.

권장 사항과 금기 사항

활동 스케줄 사용방법을 가르칠 때 금기 사항 중 하나는 아동에게 말을 하지 않는 것이다. 아동이 스스로 하기를 원하는 활동을 활동 스케줄에 포함하였으므로 성인의 지시를 줄임으로써 아동이 성인의 지시에 의존하지 않도록 하라.

또 다른 금기 사항 중 하나는 몸짓을 사용하지 않는 것이다. 궁극적으로 아동은 자신의 활동 스케줄을 가지고 스스로 활동을 선택하여 수행하게 될 것이다. 하지만 성인의 몸짓은 단서가 되어 아동이 독립적으로 활동하는 데 방해가 될 것이다. 필요한 경우 뒤에서 보조를 하되 활동 스케줄이나 자료 등을 손으로 가리키지 말라.

신규 교사와 치료사를 교육할 때, "멀리 떨어져 있어라."라고 말한다. 이는 아동과 활동 스케줄 또는 활동자료 사이에 서 있지 말라는 것이다. 활동 스케줄에 옷 사진이 있고 실제 옷이 주변에 있다면 아동은 옷을 입을 것이다. 컴퓨터 사진이 있고 실제 컴퓨터가 있다면 아동은 컴퓨터 작업을 할 것이다. 음식 준비와 수도꼭지 아래 손 사진이 있다면 아동은 손을 씻을 것이다. 당신이 아동과 활동자료 사이에 서 있거나 아동의 뒤가 아니라 앞에 서 있으면 아동이 독립적으로 과제를 수행하는 것을 방

표 4-2 | 권장 사항 및 금기 사항

권장 사항	금기 사항
선반이나 책장에 활동자료 배치하기	복잡하고 어지러운 환경에서 활동 스케줄 가르치기
전화나 벨소리에 반응하지 않기	TV나 다른 자녀가 내는 소음 우려하기
활동자료를 순서대로 배열하기	아동과 활동자료 사이에 서 있기
보상을 미리 정하기	보상을 다른 활동 시간에 사용하기
지시를 초반에만 제공하기	사회적 활동 이외의 시간에 이야기하기
신체적 촉진을 사용하되, 오류나 지연을 막기 위해 신속하게 촉진하기	아동 앞에서 몸짓이나 시범 보이기
보상을 자주 하기	부적절한 행동에 보상하기

해하게 된다.

한편 아동의 독립성을 고취하기 위해서 중요한 결정을 할 수 있다. 만일 아동이 상동행동이나 방해 행동을 한다면, 즉시 활동을 다시 하도록 유도하라. 아동이 사진 가리키기, 활동자료 가져오기, 과제 완수하기 등을 하지 않을 경우, 부적절하거나 잘못된 반응을 보이기 전에 신체적 안내를 제공하라. 아동이 울거나 활동을 중단하려고 하면, 활동을 지속하도록 유도한다. 표 4-2는 활동 스케줄을 가르칠 때의 권장 사항 및 금기 사항을 소개하고 있다.

점진적 안내

활동 스케줄 사용방법을 처음 가르칠 때에는 손 위에 손(hand-over-hand) 전략을 사용한다. 두세 차례 교수를 하다 보면 아동이 성인의 신체 촉진에 덜 의존하게 되는 것을 알게 된다. 아동은 혼자서 책장을 넘기거나 책장 선반으로 가거나, 레고 블록을 바구니에 넣을 것이다. 성인의 손을 아동의 손 위에 살짝 얹어 놓고, 아동의 반응을 살피며 성인의 도움이 얼마만큼 필요한지 가늠하라. 예를 들어 아동이 성인의 도움 없이 퍼즐 몇 조각을 맞춘다면, 더 이상 안내를 해 주지 않아도 된다. 그러나 오류를 예방하기 위해 안내를 사용하도록 한다. 예를 들어 아동이 활동 스케줄 책이 있는 활동과 다른 활동자료를 잡으려고 한다면 즉각적으로 개입하여 올바른 활동자료를 잡도록 유도하라. 그리고 구슬 꿰기 활동을 하는 대신에 구슬을 입에 넣으려고 한다면 구슬 꿰기 활동을 하도록 안내한다.

일반적으로 과제마다 숙달 속도가 달라서 아동은 일부 과제를 빠르게 습득하더라도 다른 과제를 늦게 습득할 수 있다. 어떤 아동은 책장 넘기기를 배우는 데 지속적인 신체적 안내가 필요할 수 있다. 어떤 아동은 선반에 활동자료를 되돌려 놓는 것을 배우는 데 지속적인 신체적 안내가 필요할 수 있다. 또한 카드 판독기에 카드를 넣거나 음성 녹음기의 버튼을 누르는 데 계속적인 안내가 필요할 수 있다. 아동의 행동을 주의 깊게 관찰하면 도움이 필요한 행동과 도움이 필요하지 않은 행동을 알 수 있다. 아동이 활동을 스스로 하여 성인이 단순히 아동의 손을 덮고 있는 것 같다면, 공간용암법 단계로 넘어간다.

공간용암법

공간용암법이란 신체적 촉진의 위치를 점진적으로 변화시키는 것이다 (Cooper, 1987). 아동이 활동 스케줄에 있는 사진 가리키기 기술을 습득

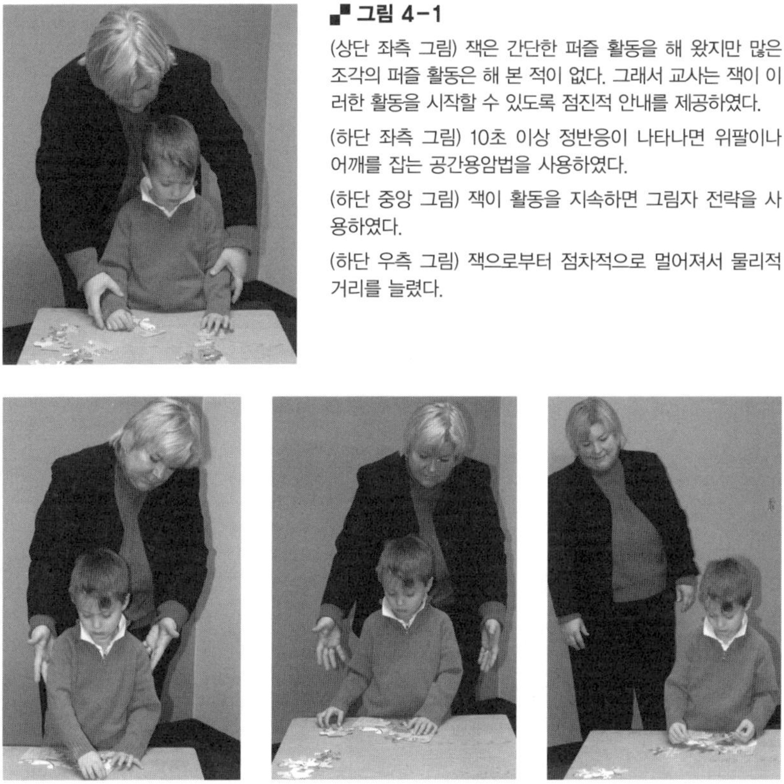

그림 4-1

(상단 좌측 그림) 잭은 간단한 퍼즐 활동을 해 왔지만 많은 조각의 퍼즐 활동은 해 본 적이 없다. 그래서 교사는 잭이 이러한 활동을 시작할 수 있도록 점진적 안내를 제공하였다.

(하단 좌측 그림) 10초 이상 정반응이 나타나면 위팔이나 어깨를 잡는 공간용암법을 사용하였다.

(하단 중앙 그림) 잭이 활동을 지속하면 그림자 전략을 사용하였다.

(하단 우측 그림) 잭으로부터 점차적으로 멀어져서 물리적 거리를 늘렸다.

했다면 교사는 손 위에 손 전략 대신에 손목을 가볍게 잡을 것이다. 아동이 사진 가리키기를 지속적으로 잘하면 성인은 신체적 촉진의 위치를 아래팔, 위팔, 팔꿈치, 어깨로 순차적으로 옮겨 갈 것이다.

이러한 교수절차를 능숙하게 사용하려면 아동 행동을 면밀하게 관찰해야 한다. 활동 스케줄 사용방법을 처음 가르칠 때에는 아동의 어떤 반응에 대해서는 점진적 안내를 사용하고 어떤 반응에 대해서는 공간용암법을 사용할 수 있다. 촉진을 줄여 나가지 않고 오랫동안 지속하는 것은 아동의 발달을 지연시키지만, 그렇다고 해서 촉진을 너무 빨리 줄이는 것도 오류를 초래하여 학습을 방해한다. 그러므로 아동을 잘 관찰하여 촉진을 줄여 나갈 시기를 파악하도록 한다.

그림자 전략

어깨에 손을 얹고 있을 때에 아동이 바람직한 행동을 지속적으로 보인다면, 그림자(shadowing) 전략을 사용할 수 있다. 그림자 전략이란 신체 접촉을 직접적으로 하지는 않지만 아동에게 매우 근접하게 손을 대고 아동의 움직임을 따르는 것을 말한다(Cooper, 1987). 아동이 정반응을 지속적으로 보일 경우, 성인은 아동으로부터 손을 좀 더 멀리 뗄 수 있다.

오웬(Owen)에게 활동 스케줄 사용방법을 가르칠 때 다른 자폐성 아동과 마찬가지로, 점진적 안내, 공간용암법, 그림자 전략을 조합할 필요가 있음을 알았다. 오웬은 활동자료 가져오기를 빠르게 배워서, 이 행동에 대해서 그림자 전략을 사용하였다. 그러나 활동 스케줄 책을 펼치기 전에 간식을 먹으려고 해서 이러한 행동 발생을 예방하기 위해서 점진적 안내를 사용하였다. 그리고 컵 쌓기 활동자료를 던지는 것을 예방하기 위해서 신체적 안내를 사용하였으며, 모양 맞추기 활동 중에는 공간용암법을 사용하였다. 오웬은 과제마다 습득 속도가 달랐지만 결국 모든 과제에 그림자 전략을 적용할 수 있게 되었다. 이제는 교사가 오웬에게서 멀리 떨어져야 할 시점이 왔다.

물리적 거리 늘리기

활동 스케줄에 있는 모든 활동을 그림자 전략으로 수행할 수 있다면 마지막으로 성인의 존재를 용암하는 것이 필요하다. 처음에는 아동 뒤로 물러나 있다가 아동과 성인과의 거리를 6인치만큼 벌린다. 정반응이 지속되면 한 발 더 물러선다. 촉진을 감소시키는 것과 마찬가지로, 물리적 거리도 아동의 수행 수준에 따라서 조절해 나간다. 정반응이 지속되면 아동에게서 한 발씩 멀리 떨어지면 된다.

10살 된 한 아동이 활동 스케줄을 활용하여 옷 입기와 침대 정리하기를 배우고 있었고 치료사는 그림자 전략을 사용하고 있었다. 치료사는 아동에게서 한 발씩, 즉 6인치씩 멀어졌다. 아동이 오류 없이 목표 행동을 보일 때마다 6인치씩 떨어진 결과 아동과 18인치 멀어지게 되었다. 그 후부터는 두 발씩 멀어지기로 했다. 결국 치료사는 방 밖으로 나가게 되어서 눈에 보이지 않게 되었다. 하지만 착의 및 방 상태를 점검함으로써 직접적인 감독 없이도 아동의 행동을 평가할 수 있었다.

오류 수정하기

활동 스케줄 사용 방법을 배우는 모든 아동은 오류를 보인다. 아동은 무엇을 해야 하는지 잘 알지 못하며, 이전에는 활동 스케줄 사용을 방해하는 행동[예 : 성인 지시 기다리기, 활동자료 기다리기, 간식 먹기, 책장 넘기는 대신에 손 펄럭거리기, 놀잇감을 부적절하게 사용하기(무작정 돌리기)]을 배워 왔기 때문이다.

앞에 나온 최대-최소 촉진 전략은 가능한 오류를 줄이기 위해서 사용하는 전략인데, 아동이 빠르게 움직이거나, 문제 행동을 보이거나, 마지막 순간에 오류를 보일 경우 사용이 어려울 수 있다.

오류 수정 전략 중 하나는 이전의 촉진 절차로 돌아가는 것이다. 예를 들어 그림자 전략을 사용하는 중에 아동이 오류를 보이면 공간용암법으로 돌아간다. 점진적 안내를 사용하는 중에 아동이 오류를 보이면, 손 위에 손 안내 전략으로 돌아간다. 이전 전략을 사용하는 중에 아동이 한 번 이상 정반응을 보이면 그 촉진 전략을 서서히 감소시킨다. 예를 들어 아동이 사물을 정리하지 않고 다음 단계로 가려고 한다면, 이전 촉진 절차로 돌아가서 아동이 선반에 1~2개의 상자를 바르게 정리할 때까지 사물 정리하기를 가르친다. 활동 스케줄 사용 중 끝무렵에 이런 오류가 일어난다고 하더라도, 다음 시간에 이전 촉진 절차로 돌아가서 교수하는 것이 필요하다.

점진적 안내를 사용하고 있을 때, 아동이 책장을 넘긴 후 사진을 가리키지 않고 활동자료를 가져오려고 하면, 신체적 안내 전략을 활용하여 사진을 가리키는 기회를 여러 차례 제공한다. 그 후에 점진적 안내 전략으로 되돌아간다. 또한 그림자 전략을 사용하고 있을 때, 아동이 퍼즐을 완성하기 전 정돈을 하려고 하면, 공간용암법으로 돌아가서 교수한다. 그러는 중에 아동이 오류를 보이면 다시 점진적 안내 전략을 활용하여 가르친다.

아동이 오류를 반복한다는 것은 과제를 완전하게 습득하지 못하였거나 촉진 절차의 혜택을 받지 못했음을 의미한다. 이때 여러 가지 대안을 고려해야 하는데, 그중 하나가 손 위에 손 전략으로 전체 활동을 가르치는 것이다. 또는 활동 책을 덮고 활동자료를 원래 위치에 되돌린 후, 다시 교수를 시작하는 것이다. 그러나 하나의 특정 활동을 여러 차례 반복해서 지도해서는 안 된다.

또 다른 오류 수정 방법은 활동 스케줄에 포함되는 활동의 수를 줄이는 것이다. 4~5개의 활동을 오류를 보이며 수행하는 것보다는 3개의 활동을 오류 없이 하는 것이 더 좋기 때문이다. 아동이 활동 스케줄을 오류 없이 사용한다면 활동을 언제든지 추가할 수 있다.

보상에 대해서 재고하는 것도 필요하다. 아동이 좋아하는 또 다른 간식이나 놀잇감이 있는가? 보상을 자주 제공하는가? 활동 스케줄에 포함되는 활동에 대해서도 재평가하는 것이 필요하다. 아동은 특정 활동을 할 때 항상 오류를 보이는가? 예를 들어 색 분류 과제, 선 따라 그리기 과제에서 오류를 보이는가? 블록으로 만들기를 하는 대신에 일렬로 나열을 하는가? 아동이 특정 활동을 할 때 오류를 많이 보인다면, 그 활동을 다른 활동으로 대체할 수 있다.

마지막으로 성인의 신체적 안내에 대한 아동의 반응을 평가하는 것이 중요하다. 아동이 정기적으로 짜증을 내거나 저항을 한다면 활동 스케줄 사용을 일시적으로 멈추는 것이 필요하다. 그리고 아동이 신체적 접촉과 안내를 수용할 수 있도록 가르치는 절차로 되돌아갈 필요가 있다(2장 참조).

전략을 통합하여 사용하기

지금까지 언급된 수많은 것들을 어떻게 동시에 할 수 있을지 의아할 것이다(표 4-1 참조). 신체적 촉진을 제공하고, 입에 음식물 강화물을 넣어 주고(토큰 강화물을 사용할 수 없을 경우), 동전이나 스티커 같은 토큰을 아동이 인지할 수 있도록 전달해 주어야 한다. 아동의 반응을 살피면서 점진적 안내, 공간용암법, 그림자 전략 중 어떠한 것을 사용할지 정해야 한다. 그리고 오류 수정 절차에 대해 숙지하고, 필요한 경우 사용할 수 있어야 한다.

보편적으로 우리는 연습과 피드백을 통해서 이러한 복잡한 절차를 배운다. 아동이 활동을 성공적으로 수행하는지 수행하지 못하는지를 살펴보면 다음에 어떻게 가르쳐야 할지 알게 된다. 보조원이 있을 경우 교수절차를 관찰한 뒤 조언(예 : 비일관적 사용, 절차 생략)을 부탁하여 서로에게 도움이 되도록 한다. 아동과 마찬가지로 보조원에게도 교정보다는 칭찬과 공감을 자주 하면 효과적일 수 있다.

부모와 전문가 모두 의도하지 않았지만 잘못된 행동을 가르칠 수 있다. 하지만 행동은 환경에 따라서 변하고 반응적이라는 과학적 사실에 기초해서 잘못 습득된 아동의 행동을 다시 올바르게 가르칠 수 있다. 즉 교수절차 및 보상을 변화시키거나 활동 사진 및 자료를 수정함으로써 오류를 수정하고 다음 단계로 나아가도록 도울 수 있다.

5

활동 스케줄 사용기술 평가하기

도입

활동 스케줄 사용방법을 가르칠 때 평가는 아주 중요한데, 일부 부모와 교사는 이에 관심이 별로 없다. 아동에게 활동 스케줄 사용기술을 가르치기 위해서는 지나치다 싶을 정도로 세세한 사항들까지 신경 써야 한다. 아동이 스스로 스케줄을 사용한다면 새로운 기술을 습득한 것으로 보여 평가자료 수집이 필요 없다는 생각이 든다.

하지만 아동의 수행에 대한 평가자료 수집은 다음과 같은 이유로 필요하다. 첫째, 아동의 수행 평가자료는 오류가 있는 과제를 확인하여 오류 수정(error-correction) 절차를 사용하는 데 도움이 된다. 둘째, 촉진을 서서히 줄여 나가는 시기를 결정할 수 있게 한다. 마지막으로, 활동 스케줄을 변화시킨다거나 새로운 활동 스케줄의 시작 시기를 알려 준다. 킵(Kip)의 부모는 킵이 첫 번째 활동 스케줄 사용방법을 습득했다고 알렸지만, 교사가 수집한 평가자료에서는 활동 스케줄 요소의 68~74% 정도만 제대로 완료했다고 나타났다. 교사의 평가자료를 통해서 킵은 지속적인 지도가 필요함을 알 수 있었다.

일반적으로 우연한 관찰(casual observation)은 정확하지 않다. 성인들은 무심코 아이들을 촉진한다. 예를 들면, 책장을 넘기려는 아동에게 발을 내딛는다든가, 아이가 집어야 하는 장난감 쪽으로 손을 뻗는 행동 등이 있다. 이렇게 무심코 한 촉진은 활동 스케줄에 있는 사진이나 활동자료보다 아이들에게 더 유의미할 수 있기 때문에 이러한 촉진이 없어지게 되면 과제 수행에 오류를 보일 수 있다.

평가자료 수집

아동의 활동 스케줄 사용에 대한 평가자료를 모으는 것은 전혀 어렵지 않고, 이 평가자료를 통해 우리는 아동에 대한 많은 정보를 알 수 있다. 아동의 수행 평가자료는 아동이 어려워하는 부분을 파악하도록 도와서 교사나 부모가 적절한 시기에 올바르게 지도하도록 돕는다. 아동의 활동 스케줄 사용기술을 평가하려면 각 과제를 별도의 구성 요소로 나눠야 한다.

활동 스케줄에서 대부분의 활동은 다음의 5가지 요소로 이루어져 있다. 1) 활동 스케줄 책을 펴거나 책장을 넘긴다, 2) 사진을 보고 가리킨다, 3) 활동자료를 가져온다, 4) 활동을 완료한다, 5) 활동자료를 제자리에 놓는다. 정반응은 플러스(+)로 기록하고 오반응은 마이너스(-)로 기록한다. 활동 스케줄 사용방법을 가르치기에 앞서 활동 스케줄에 있는 활동을 평가 기록지의 왼쪽 열에 순서대로 적고 클립보드에 끼워 넣는다(표 5-1 참조).

표 5-1 | 활동 스케줄 사용 평가 기록지

관찰자 : 아빠
날짜 : 2009년 12월 20일

활동	스케줄 책 펴기/책장 넘기기	가리키기/보기	자료 가져오기	완료하기	제자리에 놓기
퍼즐	−	+	−	−	−
모양상자	−	−	+	+	−
간지럼 태워 달라 하기	+	−	N/A	+	N/A
감자 인형	−	−	−	−	−
색 맞추기	−	+	−	+	−
간식	−	+	−	+	−
정반응 수	**1**	**3**	**1**	**4**	**0**

총 정반응 수 : 9
총 반응 수 : 28
정반응률 : 32%($\frac{9}{28}$×100=32)

아동의 활동 스케줄 사용기술 습득 측정에 사용한 평가 기록지의 예. 빈 양식은 부록 D 참조.

유아에게 6개의 활동으로 구성된 활동 스케줄 사용방법을 가르친다고 생각해 보자. 활동 스케줄 책에는 1) 퍼즐, 2) 모양상자(shape box), 3) 간지럼 태워 달라 하기, 4) 감자 인형(26쪽 참조), 5) 색 맞추기, 6) 접시에 담긴 건포도 사진이 있다. 만약 아동이 스스로 활동 스케줄 책 첫 장을 편다면 퍼즐 활동의 첫 번째 요소를 정반응으로 기록한다(표 5-1 참조). 두 번째 요소, 즉 사진을 보고 가리키기를 평가할 때, 아동이 퍼즐 사진을 가리키고 봤을 경우에만 정반응으로 기록한다. 이때 당신은 아동의 뒤에 서 있기 때문에 아동의 눈을 볼 수 없지만, 아동의 머리가 사진을 향해 있다면 보고 있다고 간주한다. 만약 아동이 사진을 보지 않는다면, 방향을 잡을 수 있도록 어깨를 부드럽게 잡아 이끌고 오반응으로 기록한다.

세 번째 요소인 활동자료 가져오기 평가는 아동이 활동 스케줄에서 퍼즐이나 퍼즐용기가 있는 곳으로 가서 그것을 작업대나 바닥으로 가져오면 정반응으로 기록한다. 네 번째 요소인 활동 완료하기는 아동이 퍼즐조각을 모두 맞추면 정반응으로 기록한다(당신이 퍼즐용기를 제공했다면 퍼즐을 퍼즐용기에 다시 넣는다). 다섯 번째 요소인 활동자료 제자리에 놓기 평가는 아동이 퍼즐을 원래 위치인 선반이나 책장에 다시 갖다 놓으면 정반응으로 기록한다.

각 요소를 평가할 때는 아동이 성인의 도움 없이 스스로 했을 경우에만 정반응으로 기록한다. 즉 교사나 부모는 아동과 접촉하거나, 말을 하거나, 활동자료를 몸의 일부를 사용하여 가리키는 등 아동의 정반응을 돕는 어떠한 것도 해서는 안 된다. 만약 어떠한 도움이라도 제공했다면, 오반응으로 기록해야 한다. 또한 아동이 10초 이상 머뭇거리거나 부적절한 행동을 한다면 오반응으로 기록하고 정반응을 할 수 있도록 촉진한다.

활동 스케줄에서 대부분의 활동은 5가지 요소로 되어 있지만, 일부 활동은 이보다 적을 수도 있다. 예를 들어, 사회적 상호작용의 경우 3가지 요소로 되어 있다. 표 5-1에 제시된 활동 스케줄에는 간지럼 태워 달라는 활동이 있다. 여기서 요소는 1) 책장을 넘기고, 2) 간지럼 태우는 사진을 보고 가리키며, 3) "간지럽혀 주세요."라고 말하는 것이다. 이 과제에서는 가져오거나 제자리에 놓는 활동자료가 없으므로, 이 활동 요소를 "NA"(Not Available)로 기록한다.

표 5-1 평가 기록지를 보면, 색 맞추기 활동에서 아동이 스스로 책장을 넘기지 못하여 이를 오반응으로 기록하였다. 하지만 책장을 넘기도록 안내받은 후에 다음 요소인 색 맞추기 사진 자료를 보고 가리켜서 이를 정반응으로 기록하였다. 색 맞추기 자료를 가져오는 데에는 도움이 필요하여서 오반응(−)으로 기록하였고, 아동이 빨간색 동그라미 붙이는 곳에 빨간색 동그라미를 붙이고, 노란색 동그라미 붙이는 곳에는 노란색 동그라미를 붙이는 등 정확하게 색 맞추기 과제를 완수하여 정반응으로 기록하였다. 마지막 요소인 '제자리에 놓기'는 활동자료를 제자리에 갖다 놓으라는 촉진을 받기까지 제자리에 자료를 놓지 않아 오반응으로 기록하였다.

표 5-1에서 보듯이 마지막 활동인 '간식 먹기' 활동 스케줄에는 건포도가 접시에 담겨 선반 위에 놓여 있는 사진이 있었다. 아동은 촉진 없이 건포도 몇 개를 먹어서(부모는 건포도를 다 먹는 것을 요구하지 않았다.) 정반응으로 기록되었지만 종이접시를 휴지통에 스스로 버리지 못하여 '제자리에 놓기'는 오반응으로 기록하였다.

수업 후 평가 기록지 각 열에서 정반응 횟수를 합하여 맨 아랫줄에 적는다. 이때 다음 회기에 사용할 촉진과 촉진용암 전략을 세우고 각 과제 요소를 검토한다.

다음으로, 평가 기록지 아래의 빈 곳에 평가자료를 요약한다. 정반응 수와 총 반응 수를 센다. 그리고 정반응 수를 총 반응 수로 나누고 100을 곱하여 정반응률을 구한다. 표 5-1에서는 9개의 정반응 수를 총 28

개의 반응 수로 나누고 100을 곱하여 32%의 정반응률이 나왔다. 이 장의 후반부에서 이 백분율로 그래프 그리는 방법에 대해 설명할 것이다.

아동이 사진을 활용한 활동 스케줄 대신에 글자를 활용한 활동 스케줄을 사용할 때에도 동일한 평가 절차를 사용한다. 다만, '책장 넘기기'가 활동을 기술한 글자 옆에 표시하기 등과 같은 것으로 수정된다.

평가자료 수집 문제 해결하기

부모 중 한 명이 직장에 다니거나, 다른 자녀를 돌보거나, 식사 준비 등을 한다면 다른 한 명이 활동 스케줄 사용기술을 가르친다. 간식과 토큰을 주고 또 신체적 안내를 사용하는 중에 평가를 어떻게 할 것인가? 녹음기를 사용하는 것이 하나의 방법이 될 수 있다. 녹음기를 켜고 해당 수업 시작 전에 가까운 곳에 놓고, 각 과제 요소의 행동 결과를 말로 녹음한다. 예를 들면, "감자 인형. 페이지 넘기기, 정반응. 가리키기와 보기, 오반응."과 같이 녹음하고, 짬이 날 때 평가 기록지에 이 정보를 기록한다.

다른 가족구성원에게 평가자료 수집을 부탁하는 부모도 있다. 회기 관찰과 기호 기록을 좋아하는 자녀가 있을 수 있다. 자녀의 도움이 필요하다면, 자녀 가까이에서 가르치고, 당신이 어디서든 볼 수 있게 평가 기록지를 들고 있도록 지도한다. 이렇게 하면 정확한 점수를 확인할 수 있고, 수정이 필요한 경우에 알려 줄 수 있다.

평가자료를 머릿속으로 기억하려고 하거나 수업 후에 기록하는 것은 좋은 방법이 아니다. 일부 사람들만이 20개 이상 개별 반응과 아동이 촉진받았는지 받지 않았는지를 정확하게 기억해 낼 수 있다. 녹음기를 사용할 수 없거나 배우자나 다른 자녀에게 도움을 구할 수 없다면, 정반응이나 오반응을 신속하게 기록하는 동안 촉진을 몇 초간 중단하거나 잠시 동안 활동을 중단하도록 신체적 안내를 사용하는 것이 좋을 수 있다. 평가자료 수집을 하면 할수록, 아동이 기술을 습득할수록 평가자료 수집은 훨씬 쉬워질 것이다. 그림자 전략을 사용하기 시작하고, 아동과의 물리적 거리를 늘리는 시기가 되면 여유 있게 평가자료를 기록할 수 있을 것이다.

가끔씩 다른 사람과 동시에 평가자료를 수집하는 경우가 생길 수 있다. 이러한 경우 회기를 마친 후에 평가 기록지를 비교해 보고 같은 부호로 기록한 것과 아닌 것에 대해 이야기하면 유용할 것이다. 이러한 논의를 통해서 교사나 부모가 몰랐던 오류 패턴 및 의도하지 않았던 촉진에 대해 알 수 있다.

그래프 그리기

그래프는 아동의 활동 스케줄 사용기술 습득 정도를 회기별, 주별, 월별로 나타낼 수 있다. 오류 패턴을 찾기 위해 지속적이고 주기적으로 평가 기록지를 검토해도 되지만, 전체적인 진전을 살펴보는 데 그래프는 상당한 도움이 된다.

10단위로 나뉜 그래프용지를 이용하여 10에서 100까지 숫자를 그래프 왼쪽 세로축에 매긴 다음 제목으로 "정반응률"이라고 적는다. 그래프의 하단 가로축 제목으로 "회기"라고 적고 그래프를 그린 날짜를 추가한다. 하루에 한 회기 이상 실행한다면 날짜와 시간을 모두 표시할 수 있다. 페이지 상단에 나중에 비교하는 데 도움이 되는 정보를 추가하여 적을 수 있다. 예를 들면, "스케줄 1 : 퍼즐, 페그, 간지럼 태우기, 그림 맞추기, 옥수수 과자"(그림 5-1 참조)를 적을 수 있다.

매 회기 후에 자료점을 표시하게 되는데, 아동이 30% 정반응률을 보였다면 30% 위치에 표시를 한다. 이렇게 하루하루의 결과를 그때마다 그래프로 나타내는 것이 나중에 한꺼번에 그래프로 나타내는 것보다 훨씬 수월하다. 게다가 그날의 자료점은 다음 날 지도 계획을 세우는 데 유용한 정보를 주기 때문에 미루지 말고 제때 그래프를 그릴 것을 권한다. 그리고 물리적 거리 늘리기나 그림자 전략 도입과 같은 주목할 만한 사건을 강조하여 화살표로 나타낼 수 있다(그림 5-1). 또한 많은 오류를 보이

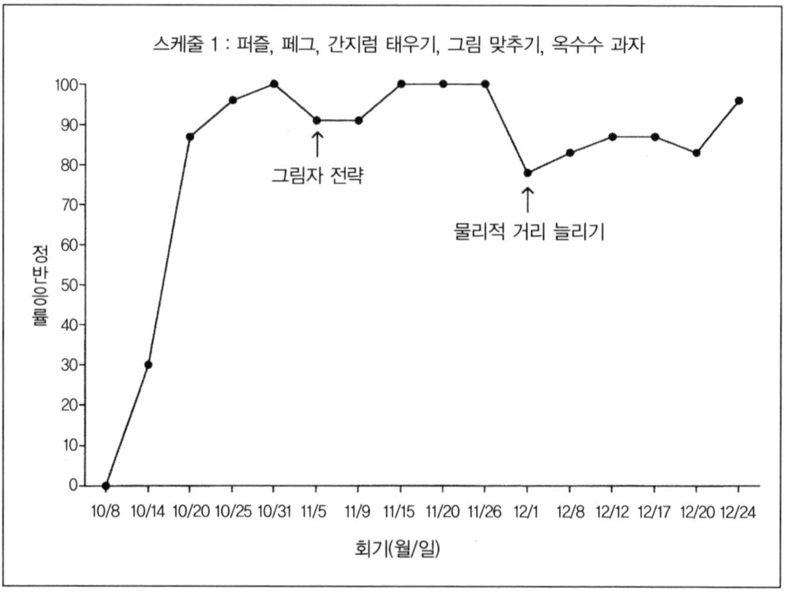

그림 5-1 브라이스(Brice, 3세)의 첫 번째 사진 활동 스케줄.

는 사진이나 활동을 교체한 경우에도 화살표로 나타낼 수 있다.

그래프와 관련하여 가장 중요한 것은 여러 사람에게 보여 주기 위해 그래프를 그린다는 점이다. 그래프를 그렸으면 아동의 조부모, 이모와 삼촌, 교사, 가족과 관련된 사람들에게 보여 주고 아동의 발달에 대해 논의하라. 아동이 활동 스케줄 사용기술 학습에 대한 보상이 필요한 것처럼, 당신의 노력에 대한 보상 또한 필요하다.

6

첫 활동 스케줄 사용기술을 습득했다!

도입

여덟 또는 열 발짝 정도 떨어져 있는 상태에서 아동이 80~100% 정반응률을 지속적으로 보인다면 첫 번째 활동 스케줄 사용기술이 습득된 것으로 생각할 수 있다. 다음 단계로 넘어가는 것을 너무 지체하지 말라. 만약 같은 과제가 같은 순서로 반복해서 제시되면 하기 싫어할 수 있다.

새로운 활동 순서

활동 스케줄을 잘 따르는 것이 특정 연쇄반응(chain of responses) 학습을 의미하지는 않는다. 진정으로 자립하기 위해 아동은 '사진을 보고 이해'할 수 있어야 한다. 즉 활동 스케줄에 있는 사진이나 글자로 제시되는 어떤 활동이라도 할 수 있어야 한다. 사진의 순서를 변경하는 것은 아동이 활동 스케줄에 있는 단서에 따라 행동하고 참여하도록 가르치는 것이다.

페리(Perry)는 첫 번째 활동 스케줄을 7살에 시작했는데, 활동 순서가 다음과 같았다. (1) 모양 맞추기 게임(Perfection)에 있는 25조각을 알맞은 위치에 넣기, (2) 스텐실과 크레용을 사용하여 그림 그리기, (3) 부모님과 '하이파이브'하기, (4) 음식 사진과 옷 사진을 분류하여 상자에 넣기, (5) 간식(팝콘)을 먹고 휴지통에 종이접시 버리기.

부모는 방문 쪽에 서 있으면서 페리가 이러한 활동을 촉진 없이 끝내면, 활동 스케줄에 있는 사진을 재배치한다. 첫 장에 있는 모양 맞추기 게임 사진은 그대로 두었는데 이는 첫 장에 다른 사진이 보이면 페리가 활동 스케줄을 시작하지 않을 수도 있었기 때문이다. 계획된 활동 완료에 대한 보상으로서 마지막 장의 팝콘 사진도 그대로 두었다. 나머지 3개의 활동 순서를 바꾸어서 분류하기, 스텐실, 그리고 '하이파이브' 순으로 하였다. 페리가 바뀐 활동 순서를 습득하도록 돕기 위해 선반에 놓여 있는 활동자료 또한 재배치하여 활동자료의 순서가 활동 스케줄에 있는 사진의 순서와 일치하게 하였다.

사진을 재배치한 후, 첫 번째 교수 회기에서 페리는 평소와 같이 활동 스케줄을 스스로 시작하였고, 촉진 없이 모양 맞추기 게임 활동을 완료하였다. 후에 아버지는 페리 주위에 있는 클립보드에 토큰 하나를 놓아두었다. 두 번째 활동으로 넘기자마자 다른 사진을 보게 된 페리는 잠시 머뭇거리다가 재빠르게 세 번째 쪽으로 넘겼다. 이때 아버지는 재빨리 다가와 두 번째 쪽에 있는 분류하기 사진을 가리키도록 신체적 안내를 하였고 페리는 과제를 시작했다. 아버지의 촉진 후에 페리는 혼자서 분류하기 활동을 완료하고 활동자료를 제자리에 갖다 놓았다. 그러고 나서 토큰 하나를 또 받았다. 페리가 활동 스케줄로 돌아와서 다음 장을 넘기자 다시 바뀐 위치에 있는 사진을 보게 되었다. 페리는 10초 동안 크레용과 스텐실 그림을 자세히 살펴보았는데 신체적 안내를 하기 위해 아버지가 다가오려 하자, 일어나 활동자료를 가져와서, 활동을 완료한 뒤에, 활동자료를 제자리에 갖다 놓았다. 아버지는 페리에게 '다가가려는' 촉진을 하였기 때문에 '가져오기'를 오반응으로 기록하였지만, 바뀐 활동 스케줄이 페리에게 익숙하지 않았고 접촉이나 안내를 받지 않았기 때문에 토큰을 하나 더 주었다.

페리가 활동 스케줄의 책장을 다시 넘겨 순서가 바뀐 사진을 보자마자 쏜살같이 간식이 있는 곳으로 달려갔다. 그림자 전략을 하고 있던 아버지는 뛰어가는 페리를 잡아 활동 스케줄 책을 다시 보도록 안내하고, 아이가 '하이파이브' 사진을 가리키도록 하기 위해 손 위에 손 전략을 사용하였다. 페리가 저항하며 소리를 지르고, 팔에 힘 주기 및 손가락 놀이와 같은 상동행동을 했기 때문에 아버지가 '하이파이브'를 하는 모습을 취하며 페리를 유도하였다(아버지가 "그래, 꼬마 친구!"라고 말하면서 열정적으로 이 사회적 활동에 참여하였지만 토큰은 주지 않았다). 그 뒤 페리는 스스로 활동 스케줄 책으로 돌아와, 간식 사진을 가리키고, 팝콘을 먹었으며, 종이접시를 버리고, 뒹굴고 뛰놀고 간지럼 태우기 게임을 할 수 있는 2개의 토큰을 받았다.

다음 회기에서 페리의 수행은 변화가 심했고, 부모는 계속해서 그를 따라다녔으며 가끔씩 오류가 발생하지 않도록 신체적 안내와 공간용암법을 사용했다. 페리는 첫 장으로 되돌아와 활동 스케줄 책을 펴고 모든 장을 살펴보는 것으로 다섯 번째 회기를 시작했다. 페리의 활동 스케줄 책 전체를 살펴보기는 10초 내였기 때문에 촉진이 필요하지 않았다. 부

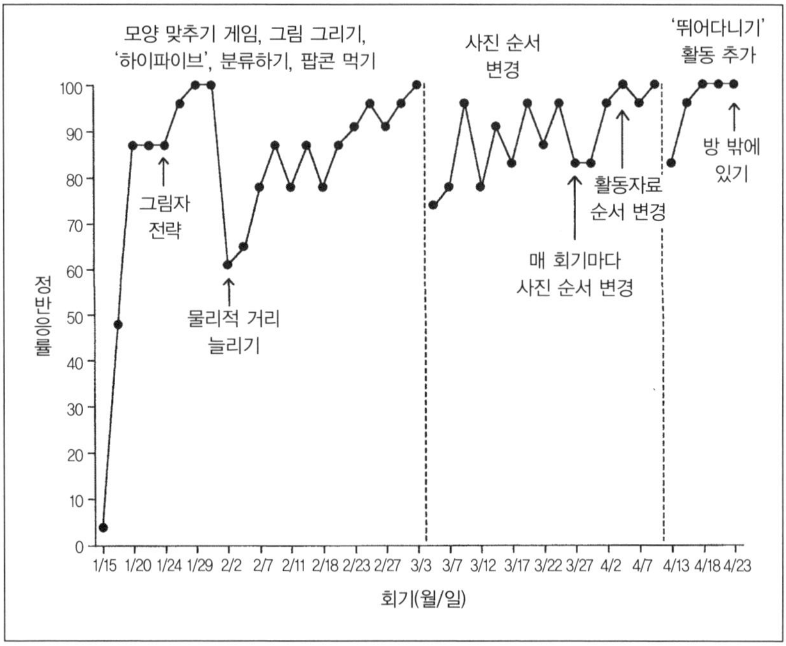

그림 6-1 페리(7세)의 첫 번째 사진 활동 스케줄.

모는 이를 탐색반응 — 페리가 새로운 사진 순서를 검토하는 것으로 보였다 — 으로 이해하였다.

페리의 사진과 활동이 재순서화되었을 때, 부모는 그래프에 점선으로 된 세로선을 그렸으며 "사진 순서 변경"(그림 6-1 참조)이라고 기록했다. 페리의 수행이 안정되었을 때 — 활동 스케줄 요소를 촉진 없이 5회 연속해서 80~100%까지 정확하게 완료 — 부모는 매 회기마다 사진의 순서를 바꿨으며, 나중에는 선반 위 활동자료를 활동 스케줄에 있는 사진 순서와 다르게 놓았다(그림 6-1의 화살표 참조). 이때쯤 부모는 아들이 종종 활동 스케줄 책 쪽으로 팔을 잡아끌거나, 혼자서 책을 집고, 펴서, 묘사된 활동을 시작하는 것에 주목하였다.

페리의 사례는 사진과 활동을 어떻게 재순서화할 것인지에 대한 좋은 예이다. 첫째, 활동 스케줄에 있는 일부 사진 순서를 바꾸고 새 사진 순서에 맞게 활동자료의 배치를 바꾼다. 그다음, 습득할 때까지 바뀐 순서를 가르친다. 둘째로, 매 회기마다 사진 위치를 재배치하고 모든 사진의 순서를 바꾼다. 마지막으로 수행이 안정화된 후에, 활동 스케줄 책에 있는 사진 순서와 더 이상 일치하지 않게 활동자료를 재배치한다.

새로운 사진과 활동 추가하기

활동 스케줄에 있는 사진과 활동을 정기적으로 재순서화하여 아동이 충분히 학습했다면 활동 스케줄에 새로운 사진과 활동을 추가할 수 있다. 아동에게 친숙하고, 선호하는 활동을 추가한다면 습득을 빠르게 할 수 있다. 예를 들면, 활동 스케줄의 마지막 사진이 감자칩이었다면, 이 사진을 중간으로 옮기고 주스, 그네 타기, 마차 타기, 좋아하는 비디오 보기와 같이 다르지만 동등한 보상 활동이 있는 사진을 마지막 장에 추가한다.

새로운 활동을 추가하면, 아동이 활동 스케줄을 사용할 수 있게 손 위에 손 전략으로 되돌아가고 4장에서 논의한 촉진용암 절차(점진적 안내, 공간용암법, 그림자 전략, 물리적 거리 늘리기)를 사용한다. 페리의 부모는 활동 스케줄 중간에 팝콘 먹기 활동을 추가하였고, 여섯 번째이자 마지막 활동으로 유희실(the recreation room)에서 뛰어다니기를 추가하였다(그림 6-1 참조). 또한 토큰판에도 여섯 번째 토큰을 추가하였다.

아동이 하나의 새로운 활동을 습득한 다음, 두 번째 새로운 활동 사진을 넣었으며 특히 좋아하는 활동은 마지막 활동으로 계속 남겨 두었다. 앞의 예에서와 같이, 친숙한 과제를 골라 넣어 아동의 습득을 촉진하도록 한다. 페리의 부모는 아들이 예전에 도움을 받아 만든 적이 있는 링컨 통나무 요새(Lincoln Logs fort)를 두 번째 새로운 활동으로 추가하였다. 활동 스케줄에는 완성된 요새 사진을 넣고, 페리가 혼자 조립할 수 있게 촉진과 촉진용암 절차를 사용하였다.

아동의 능력에 맞추어 활동 스케줄에 새로운 사진과 활동을 계속 추가하도록 한다. 유아의 경우 일련의 활동을 완수하는 데 약 15분 정도가 적당하지만, 8살 아동은 계획된 활동에 30분 이상 참여할 수 있다. 기억해야 할 점은 새로운 활동이 추가되면 토큰이나 다른 보상도 추가되어야 한다는 것이다.

자립심 향상

사진 순서를 정기적으로 바꾸고, 두세 개 정도 새로운 활동이 추가되었으며, 활동자료가 몇 번이고 재배치되었음에도 계획된 활동들을 아동이 도움 없이 완수한다면, 자립심을 키울 시기가 온 것이다. 4장에서 설명한 물리적 거리 늘리기 절차를 사용하되 방 안에서 나갈 때까지 지속적으로 사용한다.

초기에는 거의 매 15초마다 점검하며, 아동이 활동 스케줄을 따르지 않으면 이전 촉진 절차(그림자 전략)로 돌아간다. 아동의 수행이 안정되면 다시 아동에게서 점점 멀어진다. 아동이 활동 스케줄을 잘 따른다면, 관찰 간격을 점진적으로 늘린다. 30초마다, 다음엔 1분마다, 그다음엔 2분마다 이런 식으로 늘려 가되 간헐적으로 두세 번 관찰할 때까지 지속한다.

아동에게 토큰을 보상으로 주고 있다면, 토큰 제공 빈도도 줄이고 교사나 부모의 존재감도 줄여 가야 한다. 토큰을 한 번에 하나씩 주기보다는 가끔씩 확인할 때 두세 개의 토큰을 한 번에 주는 것이 좋고, 활동 스케줄을 모두 마치면 마지막 토큰을 준 다음 특별한 활동으로 바로 교환할 수 있게 한다. 체계적으로 보상받을 때 자립심은 자라고 발달한다. 물리적 거리를 늘려 가면서 동시에 강화의 양을 증가시키는 것이 매우 중요하다.

이 시점에서 부모는 10~30분 정도 다른 일과에 눈 돌릴 틈(예 : 식사준비, 세탁하기, 다른 자녀 돌보기, 휴식시간)이 생길 수 있다. 하지만 일정한 시기에 — 예를 들면, 매 세 번째 회기마다, 매 다섯 번째 회기마다 — 지속적으로 관찰하고 평가자료를 계속 수집해야 한다. 이 평가자료를 통해서 수정해야 하는 문제들을 파악할 수 있게 된다.

새로운 문제점, 익숙한 해결책

촉진용암의 마지막 단계(물리적 거리를 점점 늘려 나가는 것)는 상당히 어렵다. 부모나 교사가 없을 때 아동이 오류를 보이거나 상동행동을 하는 것은 자주 있는 일이다. 일부 아동은 성인이 없어도 전과 같이 수행하지만, 어떤 아동은 촉진용암 절차의 마지막 단계를 더 오래 적용해야 한다. 성인의 부재는 1장에서 논의한 촉진 의존성 감소 여부를 알아보는 최종 관문이 된다.

이전 촉진 절차로 되돌아가도 아동의 문제가 해결되지 않는다면, 몇 가지 대체 전략을 생각해야 한다. 이러한 전략 중 하나는 오류가 처음 발생했을 때 회기의 남은 시간 동안 최대한의 신체적 안내를 사용하는 것이다. 다음 회기에서, 물리적 거리 늘리기를 다시 하되 아동이 오류를 범하면 신체적 안내로 돌아간다. 활동 스케줄 사용에 대한 평가자료를 통해서 이 전략이 효과적인지 아닌지를 알 수 있다. 만약 원하는 결과가 나온다면, 아동의 정반응률은 회기가 지날수록 점차 증가할 것이다.

신체적 안내로 되돌아갔음에도 원하는 결과가 나오지 않는다면, 다른 전략을 사용해야 한다. 오류가 처음 발생했을 때 활동자료를 제자리에 갖다 놓고, 활동 스케줄 책을 덮는다. 그다음, 아동이 처음부터 활동 스케줄 책을 시작하도록 안내하고, 모든 회기에서 손 위에 손 전략을 사용한다. 다음 회기에서 물리적 거리를 늘렸을 때 다시 오류가 발생한다면 신체적 안내를 최대한 사용한다.

아동에게 분명한 피드백을 주기 위해 반응 대가(response cost)라고 불리는 토큰 회수(token removal) 전략을 사용할 수 있다(Lutzker, McGimsey-McRae, & McGimsey, 1983, p. 42). 아동이 오류를 범하면 토큰을 회수하고, 수행을 잘하면 돌려준다. 여러 회기가 지나도 오류가 계속된다면, 토큰을 가져가되 돌려주지 않고, 모든 토큰을 얻지 못하면 특별한 활동이나 먹을거리로 바꾸지 못한다는 것을 아동에게 알린다. 즉 앞서 기술한 것처럼 교사나 부모는 신체적 안내와 토큰 회수 전략을 사용할 수 있다.

이러한 전략들이 효과가 없다면, 아동이 성공할 수 있도록 촉진(점진적 안내, 공간용암법, 그림자 전략)으로 돌아간 다음, 촉진용암 절차를 반복하는데 이때 촉진을 아주 천천히 사라지게 한다. 물리적 거리적 늘려나가는 것은 아주 중요하며, 한 번에 6인치씩 거리를 늘릴 수 있다. 물리적 거리를 서서히 늘리는 데 상당히 많은 시간이 걸리겠지만, 이런 노력으로 아동이 완전히 자립할 수 있게 된다는 것을 기억하라.

부모와 교사가 자신의 행동을 되돌아보면 문제 해결의 실마리를 찾을 수 있다. 다음 주요 사항들을 살펴보자.

- 활동 스케줄 사용기술을 가르치는 데 언어적 지시와 몸짓을 사용하면 안 된다.
- 가능하면 오류를 예방하기 위해 언제든지 촉진을 사용한다.
- 오류를 교정하거나 토큰을 뺐을 때, 성인은 감정적이어서는 안 되며 사무적인 태도를 취한다.
- 정반응은 토큰이나 먹을거리로 즉시 보상한다.
- 활동 스케줄을 모두 끝내면 아동에게 특별한 관심을 주고 선호 활동을 할 수 있게 한다.

마지막으로, 문제 해결을 위해 정기적인 평가자료 수집과 그래프 그리기를 반드시 해야 한다. 평가자료를 통해서 아동의 성공적 수행에 필요한 지원 여부를 알 수 있다.

새로운 활동 스케줄

아동이 활동 스케줄을 스스로 사용할 수 있다면(비록 당신이 방문 너머에 있거나, 큰 방 한쪽 끝에 서 있어도), 새로운 활동 스케줄을 고려해 볼 시기가 된 것이다. 그렇다고 첫 번째 활동 스케줄 사용을 중단하지 말라.

계속해서 사진과 활동자료의 순서를 바꾸고 올바른 수행에 지속적으로 보상하라.

가끔씩 첫 번째 활동 스케줄에 있는 사진과 과제를 빼기도 하고, 했던 활동을 재밌고 새로운 활동으로 교체하기도 한다. 교체된 활동은 새로 만든 두 번째 활동 스케줄에 넣을 수 있다. 이 스케줄은 가족 휴가, 친척 집에서 언제든지 활용할 수 있다.

교체된 활동을 사용하여 새로운 스케줄을 만들 수 있을 뿐만 아니라 이를 통해 아동의 활동영역을 넓힐 수 있다. 새로운 활동 스케줄을 습득하면서 아동의 활동 스케줄 사용기술은 향상된다. 자폐성 아동을 둔 당신은 무척 바쁘고 자신을 속박할 수 있는데 이때 새로 만든 활동 스케줄을 활용하여 가족의 삶에 긍정적으로 기여할 수 있는 방안을 생각해 볼 수 있다. 예를 들면, 다른 자녀의 숙제를 도와주기 위해서 20분의 시간이 필요하나 아동이 10분 안에 활동 스케줄을 끝내 버린다면, 첫 번째 활동 스케줄과 비슷한 활동으로 구성된 새로운 활동 스케줄을 만드는 것이다. 예를 들어, 여러 가지 모양 상자와 여러 가지 장난감 세트를 합쳐 놓거나, 5조각 퍼즐을 6조각 퍼즐로 바꾸기도 하고, 테디 그라함 크래커 대신 동물 크래커로 교체하는 방법을 사용한다.

특히 아침이 정신없이 바쁜 시간일 경우, 부모는 아동 스스로 아침 일과를 모두 할 수 있게 하는 활동 스케줄을 만들기 원한다. 이 활동 스케줄에는 시리얼 그릇과 주스 컵을 싱크대에 올려놓기, 가방과 코트를 현관 앞에 놓기, 통학버스가 도착할 때까지 “See ‘N’ Say”(교육용 장난감으로, 다이얼식으로 만든 화살표를 동물 모양의 그림에 놓고 손잡이를 잡아당기면 해당 동물의 소리가 나면서 화살표가 돌아간다-역주. 그림 6-2 참조) 가지고 놀기와 같은 사진을 넣을 수 있다.

■ **그림 6-2** See 'N' Say 장난감.
출처 : http://ecx.images-amazon.com/images/I/81kkKlaQUzL._SX355_.jpg

좀 더 큰 아동을 위한 아침 활동 스케줄에는 컵과 그릇 가져오기, 주스와 시리얼 붓기, 아침 먹기, 가방에 도시락 넣기, 현관 앞에 가방 놓기, 통학버스가 도착할 때까지 TV 보기와 같은 사진이 포함될 수 있다. 아동이 활동 스케줄을 능숙하게 할수록 이전에 습득했던 친숙한 활동을 추가할지, 아니면 아직 배우지 않은 활동을 추가할지 결정해야 한다. 만약 아동이 가방에 도시락 넣는 방법을 모른다면, 처음에는 신체적 안내를 하고, 촉진을 서서히 줄여야 한다. 이렇게 하면 결국 아동은 도시락을 가방에 스스로 넣게 되어 바쁜 아침 일과를 원활하게 보내게 될 것이다.

가족의 일과가 바뀌게 되면 일부 자폐성 아동들은 짜증을 낸다. 아동이 변화에 대처할 수 있도록 돕는 활동 스케줄을 생각해 보자. 당신은 모자와 외투 가져오기, "가자."라고 말하기나 손잡기, 우편함에 같이 가기, 간식을 먹으러 집에 들어오기와 같은 친숙한 놀이 활동 사진이 있는 활동 스케줄로 시작할 수 있다. 아동이 이 활동 스케줄을 습득하면, 편지 가져오기를 세발자전거 타기로 바꾸고 나중에는 편의점 가기, 쓰레기통 가져오기, 형제자매 데려오기, 또는 기차역이나 버스 정류장에서 출퇴근하는 부모 태우기로 바꿀 수 있다. 최종 목표는 가족 구성원들의 일정에 맞게 이러한 활동들을 순환시키는 것이다.

새로운 활동을 추가하면 활동 스케줄을 처음 가르칠 때 필요했던 노력과 관심이 요구될 것이다. 활동 스케줄 사용을 체계적으로 가르치면, 자폐성 아동과 다른 가족 구성원에게 도움이 되고, 나중에는 아동이 활동 스케줄을 더 빠르게 습득하게 될 것이다.

7

활동을 언제 마쳐야 하나?

도입

이전 장에서 논의한 활동들은 끝이 분명했다. 고리가 고리 걸이에 모두 들어가면 고리 쌓기 활동이 끝나고, 모든 항목에 답하였을 때 학습지 활동이 끝나며, 아동의 시작행동에 반응행동이 뒤따르면 사회적 활동이 마무리되었다. 그러나 어떤 활동은 소요 시간을 정확히 알 수 없고, 활동 스케줄을 사용하는 많은 아동이 시간을 말로 표현하지 못할 수도 있다. 얼마 동안 TV를 봐야 하고, 얼마 동안 장난감과 인형을 가지고 놀아야 하며, 얼마 동안 컴퓨터 게임을 해야 할까?

타이머 사용

활동 스케줄 사용이 이미 익숙한 상황에서 타이머 설정을 가르친다면, 아동은 타이머 사용기술을 빠르게 배울 것이다. 조리용으로 사용하는 저렴한 디지털 시계의 설정은 버튼을 몇 번만 누르면 되는데, 활동 스케줄에 있는 사진이 버튼을 누르게 하는 단서 역할을 한다.

소형 디지털 타이머는 장비나 다양한 용품에 유용하게 사용된다. 뒤에 자석이 붙어 있는 타이머는 토큰 제공에 사용하는 클립보드에 쉽게 붙어 아주 편리하다. 이러한 타이머는 버튼이 다른 색으로 되어 있기 때문에 활동 스케줄에 단서를 추가하여 아동이 특정 순서로 버튼을 누르도록 가르칠 수 있다.

글을 읽지 못하는 5살 아이가 그림책을 좋아한다면, 활동 스케줄에 타이머를 사용하는 활동을 추가할 수 있다. 우리는 아동이 책을 3~5분 정도 보고 나면 책에 대한 흥미를 잃는 것을 관찰한 다음, 타이머를 3분으로 설정하는 방법을 가르치기로 하였다. 설정 방법은 '초기화' 버튼을 한 번 누르고, '분' 버튼을 세 번 누르고, '시작' 버튼을 한 번 누르는 것이다.

타이머 사진을 클립보드에서 타이머를 떼어내라는 단서로 활동 스케줄에 넣어 보여 주고, 검은색 초기화 버튼 사진 1장(아동이 한 번 누른다), 하얀색 분 버튼 사진 3장(아동이 세 번 누른다), 빨간색 시작 버튼 사진 1장(아동이 한 번 누른다)에서 해당 버튼 색을 강조하여 표시한다(그림 7-1 참조). 혹여 타이머 버튼 색이 같다면, 작은 색테이프를 사용하여 버튼 색을 바꿀 수 있다.

교수절차는 앞에서 설명한 것과 같다. 아동이 활동 스케줄에 있는 타이머 사진을 가리키고, 타이머를 작업대에 놓고, 검은색 버튼 사진을 가리키고 타이머의 검은색 버튼을 누르고, 흰색 버튼 사진을 가리키고 타이머의 흰색 버튼을 누르는 활동 등에서 신체적 안내를 사용하여 아동을 돕는다. 활동이 끝났음을 알리는 타이머가 울리면, 즉시 아동이 그림

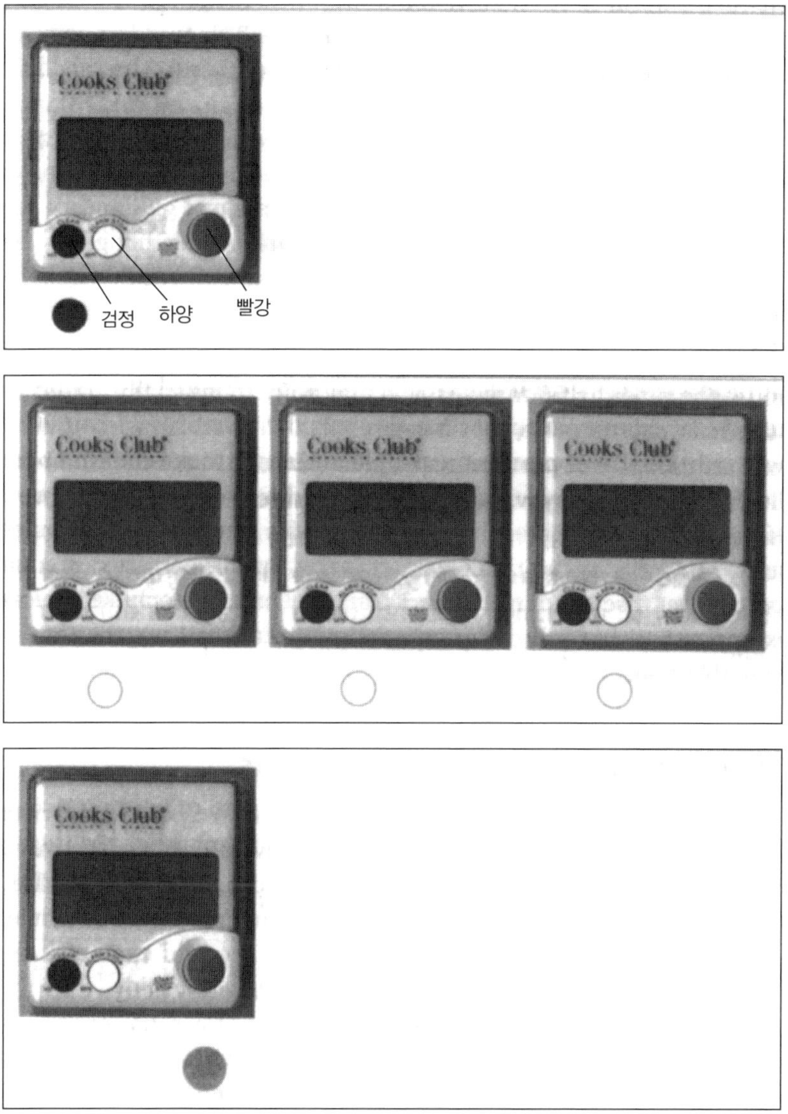

그림 7-1

타이머 설정 학습을 돕기 위한 사진 단서. 처음에는 각 사진을 별도 페이지에 따로 제시한다.

책을 제자리에 갖다 놓고, 활동 스케줄의 다음 활동을 하도록 안내한다. 그리고 앞에서와 같이 점진적 안내는 공간용암법, 그림자 전략, 물리적 거리 늘리기 전략으로 바꿔 간다. 또 아동이 촉진을 받아서 새로운 과제를 완수하였더라도 노력에 대한 보상을 해 준다. 하지만 가능한 빨리 촉진받지 않은 반응에만 보상이 주어질 수 있게 한다.

아동이 타이머 사용법을 배우게 되면 선택할 수 있는 활동의 종류가 많아진다. 그리기를 좋아하는 제리(Jerry, 7세)는 때론 그림을 지나치게 오래 그려, 다른 과제를 소홀히 하기도 한다. 제리는 타이머를 10분으로 설정하는 법을 배웠고, 그림 그리기가 끝나면 다음 활동을 했다. 전자키보드 연주를 좋아하는 던컨(Duncan, 10세)에게도 타이머가 울리면 다른 것을 하도록 가르쳤다. 빅(Vic, 13세)은 "스타트렉" 비디오를 아주 좋아한다. 빅은 연산기술을 습득해서 분 버튼 사진 옆에 숫자도 적어 주었다. 부모는 시청시간(분)을 자주 바꿔 빅의 활동 스케줄과 가족 스케줄 간에 조화를 이루게 하였다.

타이머 사용법을 배운 많은 아동은(수학 기술이 없는 아동을 포함하여) 꾀를 내기 시작했다. 좋아하지 않는 활동을 할 때는 정해진 시간보다 짧게 타이머를 설정하였고, 좋아하는 활동을 할 때는 시간을 더 길게 설정하였다. 아동이 꾀를 쓴다는 것은 선택의 기회를 제공할 때가 되었음을 의미한다. 글을 읽는 아동에게는 "시간을 선택하여 타이머를 설정하시오"와 같은 글자 단서를 사용할 수 있다. 글을 읽지 못하는 아동에게는 활동 스케줄 여백에 숫자를 바꿔 가며 단서를 제공한다.

많은 자폐성 아동은 어떤 활동을 지나치게 오래 하게 되면 상동행동 또는 비기능적 행동을 보이기 시작한다. 시간을 할애하는 방법에 대한 선택하기를 가르칠 때 아동이 시간을 적절하게 하여 타이머를 설정한다면 신체적 안내를 사용하지 않지만, 아동이 특정 활동을 정해진 시간보다 너무 길거나 짧게 하려 한다면 아동을 안내해 줘야 한다. 예를 들면, "세서미 스트리트(seasame street)" 비디오를 보려는 아동이 타이머를 15분으로 설정했다면 허락할 수 있지만, 타이머를 50분으로 설정했다면 더 짧은 시간을 선택하도록 신체적으로 안내한다.

물론 시간 사용 방법에 대한 선택하기를 아동이 배우면 좋지만, 어떤 활동은 시간을 정해 줘야 한다. 활동 스케줄에는 10분 동안 타이핑 연습을 하는 것으로 되어 있지만, 아동이 5분으로 타이머를 설정한다면, 4장과 6장에서 논의한 오류 수정 절차를 사용한다. 선택하기 학습이 중요하긴 하지만 아동이 부모와 교사의 지시에 따르는 것도 중요하다.

시간 관리 기술 활용

아동이 디지털 타이머 사용법을 학습했다면, 전자레인지 사용법을 빠르게 배울 수 있다. 많은 아동들은 전자레인지를 사용하여 팝콘이나 머핀, 프레즐, 또띠아와 같은 간식 만드는 활동 스케줄을 좋아한다. 이러한 활동 스케줄을 만들려면, 활동 단계마다 사진(예를 들면, ① 찬장에서 그릇과 팝콘봉지 가져오기, ② 팝콘을 전자레인지에 넣기, ③ 전자레인지 버튼 누르기, ④ 타이머가 울리면 팝콘 꺼내기, ⑤ 팝콘봉지 열기, ⑥ 그릇에 팝콘 붓기)이 있어야 한다.

아동이 팝콘 자체에 관심을 나타내더라도, 활동 스케줄을 잘 따르고 난 뒤에는 토큰이나 다른 실제적인 보상을 주어야 한다. 그리고 활동 스케줄을 완수하고 간식을 먹을 준비가 되면, 소풍용 야외 테이블에서 혹은 좋아하는 DVD, TV 프로그램을 보면서 간식을 먹게 하여 보상의 효과를 증가시킬 수 있다.

전자레인지 설정에 단서가 되는 사진은 조리용 타이머 설정에 사용된 사진과 비슷하다. 예를 들면, 활동 스케줄은 '조리시간', '4', '분', '작동' 버튼을 강조한 전자레인지 버튼판을 별도의 사진으로 넣는다. 아동이 글을 읽지 못하면, 전자레인지 버튼판과 활동 스케줄에 있는 사진의 버튼판을 색테이프를 사용하여 일치시킨다.

활동 스케줄과 타이머 사용법을 학습한 후에, 일부 아동들은 더 복잡한 음식 준비 과제를 배운다. 패트릭(Patrick)은 브라우니 만드는 방법과 오븐을 이용하여 브라우니를 굽는 방법을 배웠다. 정확한 오븐 온도 설정법과 오븐 사용 전 오븐 장갑 착용법을 포함하여 관련된 모든 단계를 패트릭의 활동 스케줄에 넣었다. 패트릭은 반죽이 적절하게 되었는지 모르기 때문에 조리용 타이머를 3분으로 설정하고, 3분 동안 계속 반죽을 휘젓도록 했다. 오븐에 브라우니를 넣은 후에 타이머를 재설정하고 허리띠를 고정하도록 단서를 주고, 알람이 울리면 주방으로 돌아와, 오븐 장갑을 끼고, 브라우니를 오븐에서 꺼내도록 했다.

월트(Walt, 16세)는 사진 활동 스케줄을 사용하여 미트로프(곱게 다진 고기, 양파 등을 함께 섞어 빵 모양으로 만든 뒤 오븐에 구운 것–역주)를 만들었다. 활동 스케줄을 사용하여 미트로프를 만든 후에는 샐러드 만들기, 냉동 채소 준비하기, 디너롤(둥근 식빵) 데우기 등의 활동을 추가하였다. 나중에는 스파게티 만들기도 배웠으며 월트의 음식 준비 기술은 계속 확장되었다. 청소년과 성인을 위한 시간 관리 기술은 11장에서 더 자세하게 알아보자.

시간 관리 기술과 가족의 삶

아동이 타이머 사용법을 배웠다면, 이 기술이 가족의 일상에 어떤 도움이 될 수 있을지 생각해 보라. 조깅과 자전거 타기 또는 공 넣기를 하기에 안전한 야외 공간이 있다면, 활동 스케줄에 이런 활동을 포함할 수 있다. 컴퓨터 사용자라면 컴퓨터 게임 하기 활동을 포함할 수 있다(많은 아동은 신체적 안내로 마우스 사용법을 쉽게 배우며, 좋아하는 게임을 실행하고 끝내는 법도 쉽게 할 수 있다). 자녀가 '카우치 포테이토(couch potato, 하루 종일 소파에 앉아 감자칩을 먹으며 TV만 보는 사람을 일컫는 말-역주)'라면, 활동 스케줄을 사용하여 TV 시청 시간을 정하도록 한다. 목욕할 때 아동이 욕조에서 나오려고 발버둥 치는 경우 타이머를 사용해서 취침 활동이나 목욕 활동 스케줄의 일부분으로써 목욕이 끝나는 시간을 예측 가능하도록 한다.

타이머 시간을 다양하게 설정할 수 있게 아동을 가르쳐야 한다. 할머니 집에서는 TV를 장시간 볼 수 있지만, 손님이 있을 경우 컴퓨터 사용 시간과 목욕 시간은 짧아져야 한다. 활동마다 시간을 다양하게 자주 변화시킨다면, 가족 약속이나 예상치 못한 일로 생기는 일정 변화에 아동이 적응하기 쉬워질 것이다.

8

선택 늘리기

도입

자폐성 아동은 구조화되지 않은 시간을 보내기 어려워한다. 부모나 교사가 활동을 제시하지 않으면, 아무것도 하지 않거나 방해 행동이나 상동행동을 보인다. 활동 중에 선택하기를 가르치는 것은 아동이 시간을 생산적으로 사용하도록 돕는 중요한 단계로, 사진 활동 스케줄 활용에 도움이 될 수 있다.

아동이 보상을 선택하게 하기

적절한 교육 프로그램을 제공하면 거의 모든 아동이 선택하기를 배울 수 있다. 아동의 초기 활동 스케줄에는 요거트 한 컵 먹기, 목말 타기, 주스 마시기, 비눗방울 불기와 같은 좋아하는 간식 · 장난감 · 활동에 관한 사진을 넣었다. 다음에는 두 가지 보상 중 하나를 선택하게 가르치는 것이다.

큰 폼보드나 게시판에 아동이 선택할 만한 사진을 진열한다. 친숙하면서 '특별한' 활동이나 선호하는 활동 사진 두 장을 골라서, 플라스틱 카드 홀더에 넣고 벨크로 테이프를 이용하여 선택판에 붙인다. 그리고 이 '선택판'을 아동이 쉽게 볼 수 있게 선반이나 작업대 위에 놓는다. 예를 들면, 토드(Tod)가 선택판에 부착한 사진은 흔들목마와 치리오스(시리얼 제품 중 하나-역주)였다.

다음 단계는 아동의 활동 스케줄 책에 동그라미 모양의 벨크로 테이프만 붙인 빈 페이지를 넣는 것이다. 그다음, 평소처럼 아동이 활동 스케줄을 하게 하고 촉진할 준비를 한다. 아동이 벨크로 테이프만 붙어 있는 쪽을 펼쳤을 때, 신체적 안내로 동그라미 모양의 벨크로 테이프를 가리키게 하고, 선택판에 있는 두 장의 사진 중 하나를 선택하여 활동 스케줄 책에 붙이게 한다. 그리고 나서 선택한 활동을 하게 한다. 아동이 이 순서대로 하게 되면 앞에서 기술한 촉진용암 절차를 사용한다.

아동이 선택판 앞에 서서 두 장의 사진을 보고 있을 때 촉진용암 절차를 신속하게 적용한다. 아동의 팔과 두 장의 사진과의 거리를 같게 하고, 아동이 선택하는 것에 예의 주시한다. 아동이 사진을 바로 고르지 않으면, 계속 기다리되 과제 이탈 행동이나 부적절한 행동을 하기 전에 선택할 수 있게 지도한다. 그다음 선택하기 기회마다 신체적 안내를 계속 늦추고, 사진을 집는지를 관찰하며 기다린다. 하지만 오류 방지가 필요하다면 신체적 안내 전략을 사용한다. 기억해야 할 것은 "골라 봐." 또는 "사진을 집어."와 같은 언어적 촉진을 사용하지 않는 것이다. 이는 아동이 독립적으로 선택하기보다 당신의 지시를 기다리게 만든다.

아동이 선택판에 있는 두 가지 활동 중 하나를 선택할 수 있게 되면

그림 8-1 선택판.

세 번째 사진, 네 번째 사진을 계속 추가한다. 3~5개 사진 중 하나를 고를 수 있게 되었을 때, 활동 스케줄에 벨크로만 있는 두 번째 페이지를 삽입한다.

시간이 흐름에 따라 선택판에 특별한 간식, 장난감 또는 아이가 좋아하는 사회적 게임이 찍힌 새로운 사진을 계속 추가한다. 선택할 수 있는 사진이 늘어나면, 사진을 매일 교체해 줘야 한다. 일부 사진을 떼어내고 흥미로운 사진을 추가하여 선택판을 더 재밌게 만들고 토큰 시스템을 지속해서 사용한다. 활동 스케줄을 따를 때뿐만 아니라 사진을 선택해도 토큰을 준다. 아동이 활동 스케줄을 모두 마친 후 토큰을 선호하는 활동으로 교환해 준다.

셔먼

셔먼(Sherman)은 32개월일 때, 5장의 사진이 있는 활동 스케줄 사용을 처음으로 배웠다. 사진 순서를 바꾸고, 새로운 사진을 추가한 다음 선택하기를 시작했다. 셔먼은 최근에 맞추기 과제 여러 개를 해결했으며, 종종 우리의 손을 잡아끌어 맞추기 교구 쪽으로 데리고 갔다. 그래서 우리는 모양 맞추기 과제를 셔먼의 선택사항 중 하나로 넣었고 셔먼이 좋아하는 동물 크래커 간식 먹기 활동도 선택사항으로 넣었다. 셔먼은 사진을 선택한 다음 활동 스케줄 책에 붙이고 선택한 활동을 능숙하게 하였다. 하지만 간식 먹기 과제를 거의 고르지 않았고 주로 모양 맞추기 과제를 골랐다. 빈 페이지를 한 장 더 넣어 두 번째 선택하기 기회가 생기자 숫자 맞추기 활동 사진을 추가하였다. 그제야 모양 맞추기 과제만 주로 하던 셔먼은 두 번째 빈 페이지에서 종종 동물 크래커 사진도 선택했다.

폴라

폴라(Paula, 10세)는 3년 전부터 사진 활동 스케줄을 사용해왔고, 최근에는 선택판에서 사진 고르기를 배웠다. 폴라의 선택지에는 컴퓨터 게임 하기, 비디오 구간 보기, 전자키보드 연주하기, 헤드폰으로 음악 듣기, 간식 준비 및 먹기(예를 들면, 치즈와 크래커, 크림치즈를 듬뿍 얹은 셀러리, 빵과 젤리), 책과 잡지 보기, 가족이나 친구와 카드게임 우노(그림 8-2 참조)와 슬랩잭 하기, 공 넣기, 자전거 타기가 있었다. 정해진 시간만큼 디지털 타이머를 설정하여 활동을 하고, 타이머가 울리면 활동 스케줄로 다시 돌아왔다. 선택판에 제시하는 사진을 자주 바꾸는 것은 폴라의 흥미를 높이고, 대화를 촉진하는 것으로 나타났다.

스스로 활동 순서 결정하게 하기

선호 활동 고르기를 학습했다면 아동이 직접 활동 스케줄을 만들어 보게 할 시기가 된 것이다. 성인들은 처음에 무엇을 하고 다음에 무엇을 할지 계속 결정한다. 집안일과 세탁을 하고 나서 친척에게 전화를 한다

그림 8-2 카드게임 우노(UNO). 특수한 카드를 이용하여 벌일 수 있는 카드놀이의 한 종류. 플레이어가 가지고 있는 카드를 모두 먼저 버리는 사람이 이기는 게임(원카드 놀이와 유사).

거나 옷 쇼핑과 같이 자신이 더 흥미를 느끼는 일들을 한다. 직장에서는 먼저 딱딱한 보고서를 검토하고 난 다음에 더 창의적인 일을 한다. 그리고 하기 싫은 일을 가능한 미루려고 하는데, 예를 들면 화단 잡초를 뽑고, 우편물을 확인하고, 인터넷 서핑을 하고, 신간 잡지를 읽고 나서야 설거지를 하고 쓰레기를 내다 버린다. 이와 같이 우리는 삶의 질에 영향을 미치는 결정을 매일 하게 된다.

비슷하게, 자폐성 아동이 직접 자신의 활동 순서를 배열할 수 있게 하여 삶의 질을 높일 수 있다. 선택판에서 보상 활동을 선택하는 아동은 해야 하는 활동을 순서대로 배치하고 고르는 법 또한 배울 수 있다.

아동이 이 기술을 학습하도록 돕기 위해, 활동 스케줄 책에서 사진을 떼어내어 색이 다른 새 링 바인더 속 앞표지와 뒤표지에 붙인다. 그다음에 새 페이지에 보상 활동을 추가한다. 만약 아동이 글을 읽을 수 있다면 “나의 선택”이라는 글자를 적어도 되고, 그렇지 않다면 사진으로 제

■ 그림 8-3 스스로 활동 선택을 하는 7살 아동의 선택 책.

시한다.

아동에게 새 링 바인더 펴기, 사진 고르기, 활동 스케줄 책에 사진 고정시키기, 활동자료 가져오기, 활동 완수하기, 활동자료 제자리에 갖다 놓기, 활동 스케줄 책으로 되돌아오기, 책장 넘기기, 새로운 바인더 펴기를 가르치기 위해서 점진적 안내, 공간용암법, 그림자 전략, 물리적 거리 늘리기 전략을 다시 사용한다. 아동이 사진을 선택하려 할 때, 오류 방지에 필요한 정도만 신체적 안내를 사용한다. 최소한의 안내는 아동이 선택 학습을 하는 데 도움이 될 것이다.

리비(Libby)는 4살에 유치원에서 할 수 있는 활동 10가지를 배웠다. 선행학습 활동, 언어 활동, 여가활동 사진이 빨간색 바인더에 부착되어 있었다. 이 빨간색 바인더에서 리비는 사진을 골라 파란색 활동 스케줄 책에 붙였다. 그리고 필요한 활동자료를 가져와 활동을 완수하고(가끔 교사의 지시를 받으면서), 활동자료를 제자리에 갖다 놓은 다음 다른 사진을 골랐다. 파란색 활동 스케줄 책에 붙어 있는 선택판 사진은 리비가 선택판에서 사진을 고르고 붙이게 하며, 선호 활동을 하게 하는 단서가 되었다. 리비의 선택판에는 미끄럼틀, 탱탱볼, 젤리, 풍선, 팽이 사진이 붙어 있었다.

아동의 현재 활동 스케줄 사용 능력에 따라 보상 횟수를 정해야 한다. 만약 아동이 세 번째와 일곱 번째 장에서 선호하는 활동 선택 기회를 가졌다면, 활동 순서를 가르치는 동안에도 이를 계속 사용한다. 그리고 활동을 마친 후에는 특별한 것으로 교환할 수 있는 토큰을 꾸준히 제공한다.

우리는 선택할 수 있는 기회 제공이 아동에게 얼마나 효과적인지 알고 있다. 연구에서는 발달장애인이 자신의 활동 순서를 선택할 수 있게 되면, 맡은 과제에 적절하게 참여하는 시간이 증가한다고 보고했다(Anderson, Sherman, Sheldon, & McAdam, 1997). 또한 촉진이 사라져도 과제 참여 시간이 길게 유지되었다(Watanabe & Sturmey, 2003). 선택한 일상 활동을 순서대로 학습하는 것은 자립을 향해 한 걸음 더 나아가는 것이다.

자신에게 보상하게 하기

아동이 꾸준히 활동을 순서대로 배치하고 여러 활동 중에서 선택하기를 잘하면, 스스로에게 토큰을 주도록 가르친다. 이를 위해, 활동 스케줄 매 페이지 밑에 토큰이나 동전을 붙여 놓고, 아동이 활동을 완수하고, 활동자료를 제자리에 갖다 놓은 뒤에, 토큰이나 동전을 떼어 토큰판에 붙이고, 다음 장으로 넘어가도록 가르친다. 토큰판에 토큰이나 동전을 모두 채우면, 교사나 부모에게 토큰판을 보여 주고 토큰을 특별한 보상으로 교환하게 한다.

아동이 '꾀'(계획된 활동을 마치지 않았거나 부정확하게 완료했는데도 토큰을 받는 경우)를 부리려고 하면, 앞서 논의한 교수절차를 사용한다. 아동이 획득하지 못한 토큰이나 동전은 떼어 버리고, 활동 스케줄에 따라 활동하도록 지도한다.

아동이 능숙해짐에 따라 링 바인더와 선택판에 사진을 계속 추가한다. 그리고 매 페이지마다 붙어 있는 토큰이나 동전을 두 페이지마다 붙어 있게 바꿔야 하는데, 이때 아동의 수행 평가 자료를 활용하여 바꿀 시기를 결정한다.

흥미롭게도 아동이 한때 꽤 어려워하던 활동을 할 수 있게 되면, 이 활동은 아동이 선호하는 활동이 되기도 한다. 이렇게 예전에 어려워하던 활동을 보상활동으로 선택판에 제시하기도 한다. 우리가 자전거 타기, 다이빙하기, 수동기어 차 운전하는 것을 처음에는 무서워하고 힘들어했지만, 관련 기술을 습득한 후에는 이러한 활동을 더 즐겨 찾는 것처럼 말이다.

웨스

대가족 환경에서 자란 웨스(Wes, 16세)는 학교에서 집에 도착하는 오후 3시부터 취침 시간까지 사진 활동 스케줄을 사용한다. 웨스의 활동에는 먼지 떨기, 청소기 돌리기, 내일 먹을 점심 도시락 준비하기, 빨래하기, 타이핑 연습하기, 식기세척기에서 그릇 빼내기, 상 차리기, 가족과 소통하기, 강아지 밥 주기, 숙제하기, 완료한 활동에 대해 보고서 쓰기, 때 맞춰 잡초 제거하기, 나뭇잎 긁어 모으기, 눈 치우기가 있다.

초기에는 과제를 별도의 사진 활동 스케줄로 만들어 제시하였다. 점심 도시락 만들기를 예로 들면, 도시락 가방, 빵 조각, 칼, 버터, 햄, 치즈, 샌드위치, 샌드위치 가방, 채소, 비닐봉지, 과일, 디저트, 이니셜이 새겨진 점심 도시락 가방, 식기세척기에 칼 넣기, 스폰지로 카운터 닦기, 점심 도시락 가방 냉장고에 넣기와 같이 16개의 사진으로 활동 스케줄을 만들었다. 이 별도의 활동 스케줄을 모두 학습하게 되면, 주로 사용하는 사진 활동 스케줄에 이것을 한 장의 사진으로 나타낸다(예 : 웨스의 이름이 새겨 있는 불룩해진 점심 가방 사진).

여러 해에 걸쳐 웨스는 별도로 만든 다수의 활동 스케줄을 습득했고, 지금은 길이가 40쪽 이상 되는 활동 스케줄에 이 별도의 스케줄들을 각각 한 장의 사진으로 만들어 넣어 놨다. 웨스는 많은 여가활동 기술을 습득했기 때문에, 레크리에이션 선택지에는 인라인스케이트 타기, 자전거 타기, 공 넣기, 축구공 차기, 조깅하기, 다양한 음식 준비하기, 수영하기, TV 보기, 가족과 탁구 치기, 비디오 게임 하기, 퍼즐 완성하기가 포함될 수 있었다.

웨스는 일상 활동 모두를 스스로 선택하고 순서대로 배치했다. 웨스가 여가활동을 하기에 앞서 해야 할 모든 과제 완수하기 활동을 주로 선택한 점은 주목할 만하다.

9

사진에서 글자로

리

리(Lee)는 4살 때 많은 일견단어를 읽을 수 있었고, 사진 활동 스케줄에 리가 좋아하는 장난감뿐만 아니라 다른 장난감도 활용할 수 있었다. 예를 들어, 6색 망치놀이 공구 세트 사진에 색 이름을 임의로 나열하고, 그 순서에 맞게 페그를 망치로 치도록 가르쳤다. 또한 소꿉놀이의 '자르기' 사진에는, '자르기'라는 단어와 자를 음식명을 적은 단어카드를 벨크로 테이프를 사용하여 붙였다. 또한 사람 모양을 잘라 코팅하고, 다양한 색의 옷을 입힌 사진에 "남자아이 옷 입히기"와 사용할 옷(예를 들면, 파란색 셔츠, 하얀색 양말)을 적은 단어카드를 붙였다. 노래 부르기를 좋아하는 리의 상호작용을 촉진하기 위해 우리는 활동 스케줄에 "엄마, 종달새 노래(그리고 리가 좋아하는 다른 노래) 불러 주세요" 카드를 포함시켰다.

도입

자폐성 아동들 중에는 읽기기술을 빠르게 습득하는 아동도 있지만, 대부분은 Edmark 읽기 프로그램(1992)과 같은 세심하게 계획될 교육과정을 필요로 한다. 우발교수(McGee, Krantz, & McClannahan, 1986)를 통해 일찍 일견단어 읽기가 가능한 아동도 있고, 비연속개별시도 훈련으로 제시된 목표단어를 학습하는 아동도 있다.

많은 아동이 읽기기술을 습득하기 전부터 활동 스케줄 사용방법을 학습한다. 따라서 아동의 발달 정도에 따라 활동 스케줄 책을 수정해 가는 것이 중요하다. 읽기를 학습함으로써 아동은 성인이 사용하는 것과 같은 활동 스케줄을 사용할 수 있게 된다.

글자 단서 도입하기

초기 읽기기술이 발달하기 시작하면 경우에 따라 활동 스케줄의 사진에 단어를 덧붙일 수 있게 된다. 이후에 아동은 사진 대신 단어에 반응하게 되고 이후에는 사진을 없앨 수 있게 된다. 그림 9-1의 선택판에는

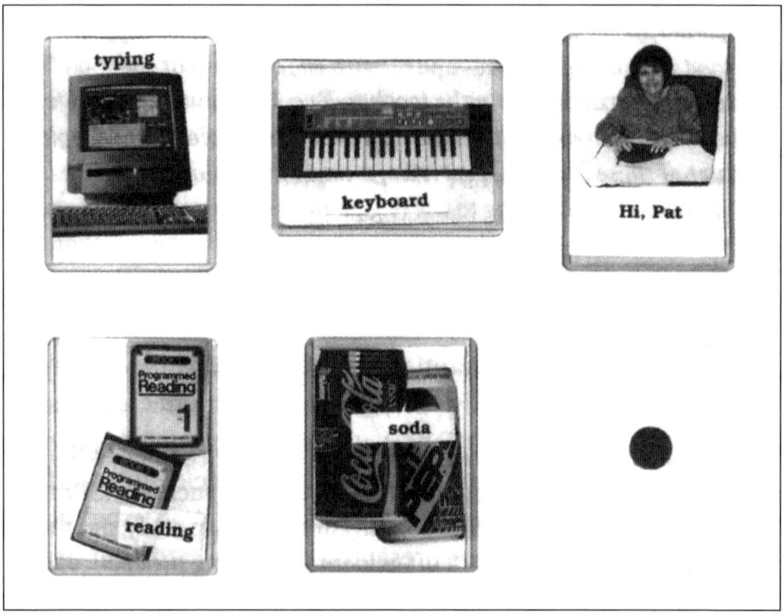

그림 9-1 사진 위에 글자가 덧붙여져 있는 선택판.

사진 위에 글자가 덧붙여져 있다. 이후에 사진은 없어지고 글자만 남았지만 아동들은 계속해서 활동 스케줄을 사용하여 활동에 참여할 수 있었다.

하지만 글자 활동 스케줄을 사용할 수 있도록 하기 위해 보다 체계적인 노력을 필요로 하는 자폐성 아동도 있다(McClannahan, 1998). 만약 초코맛 사탕을 매우 좋아하는 아동의 활동 스케줄에 초코맛 사탕이 포함되어 있다고 가정하자. 사진에서 글자로 전환하는 첫 번째 단계는 컬러사진을 흑백사진 또는 사탕 포장지의 복사본으로 대체하는 것이다.

이후 단계로는 1) 사탕 포장지의 위 또는 아랫부분을 조금씩 잘라 내기, 2) 포장지의 옆부분을 잘라 내기, 3) "Peter Paul"이라는 작은 단어를 잘라 내기, 4) 단어 아랫부분의 선 잘라 내기가 있다(그림 9-2 참조). 이렇게 하고 나면 "Mounds"라는 단어만 남게 되는데 이것은 특정한 글자체로 인쇄

그림 9-2
Mounds 사탕 사진에서 "Mounds" 단어로의 전환을 돕기 위한 단계.

되어 있으므로, 컴퓨터를 사용하여 다양한 글자체와 크기로 단계적 전환을 할 수 있다. 컴퓨터를 사용할 수 없다면, 글자를 점점 작게 인쇄해서 같은 결과를 얻을 수 있다. 물론 아동이 정반응을 보일 때에만 다음 단계로 전환해야 한다. 만약 촉진이 필요하거나 "Mounds" 이외의 다른 활동 자료를 선택할 경우에는 이전 단계로 돌아가 연습하는 것이 필요하다.

이 절차를 자극용암법이라 한다. 자극용암법을 사용할 때는 기준과 관련이 있는 자극과 관련이 없는 자극을 명확히 하는 것이 중요하다. 기준과 관련이 있는 자극은 용암되지 않는다. 이 자극은 행동에 영향을 주는 자극으로, 대부분의 사람들의 행동에 영향을 미친다. 앞의 예에서, 색과 크기는 기준과 관련이 없고 "Mounds"라는 단어가 기준과 관련이 있는 자극이다. 자극용암법 프로그램을 잘 계획해야 아동은 오류 없이 보다 빨리 학습할 수 있다(Etzel & LeBlanc, 1979).

만약 활동 스케줄 사진에 글자가 포함되어 있지 않더라도, 나중에 사진에 글자를 덧붙이면 글자 활동 스케줄로 전환하는 데 도움이 된다. 예를 들어, 이제이(EJ, 6세)는 여러 사진 활동 스케줄을 사용하지만 읽기 발달은 지체되어 있었다. 교사는 체육활동 사진에 글자를 덧붙이고, 배경을 용암하여 글자 활동 스케줄의 학습을 촉진할 수 있었다(Birkan, McClannahan, & Krantz, 2007). 이제이의 체육활동 사진 스케줄은 트램펄린, 평균대, 러닝머신 등 운동기구 사진으로 구성되어 있었다. 포토샵을 사용하여 각각의 사진 중앙에 글자를 덧붙였다. 예를 들면, 트램펄린 사진에는 "뛰다"를, 러닝머신 사진에는 "걷다"를 덧붙여 표시하였다.

교사는 이제이가 활동을 명명할 수 없을 때(또는 일견단어를 읽지 못할 때) 글자를 손으로 가리키면서 읽기 시범을 보였다. 그 외에는, 체육활동 스케줄 사용기술을 평소와 같은 절차를 통해 가르쳤다. 이제이가 자신의 스케줄에 있는 각 사진을 명명할 수 있게 된 후, 교사는 배경을 용암하기 시작하였다. 용암은 5단계로 이루어졌다. 첫 번째와 두 번째 단계에서는 각 사진의 위 · 아래 1센티미터를 잘라 냈다. 세 번째 단계에서는 글자와 사진의 일부만 남기고 잘라 냈다. 다음 단계에서는(포토샵을 활용해서), 남아 있는 사진 일부의 배경색을 지웠다. 마지막 단계에서는

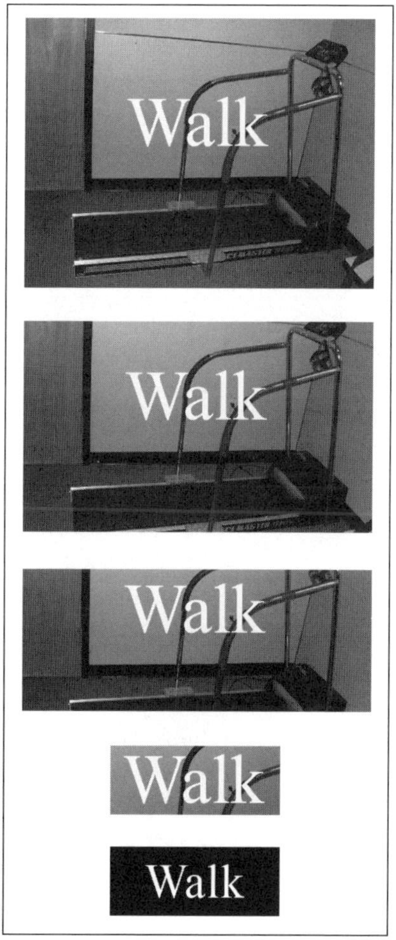

그림 9-3

덧붙이기와 배경 용암이 일견단어 읽기 지도에 사용되었다.

(상) 이제이는 체육시간에 24일간 15개의 일견단어 읽기를 학습하였다.

(우) "걷기"라는 단어가 디지털 사진 위에 덧붙여지고, 이후 배경은 용암된다.

표 9-1 | 해야 할 일 목록의 예

	세면대 청소
________	청소함에서 양동이를 가져온다
________	장갑을 낀다
________	세면대에 있는 물건을 치운다
________	거울에 세정제를 뿌린다
________	종이타월로 거울을 닦는다
________	얼룩을 찾는다
________	세면대에 세정제를 뿌린다
________	종이타월로 닦는다
________	먼지를 찾는다
________	치웠던 물건을 세면대에 다시 놓는다
________	세정제와 타월을 양동이에 넣는다
________	장갑을 벗는다
________	양동이를 청소함에 넣는다
________	손을 씻는다
________	"세면대가 어때 보여요?"라고 엄마에게 묻는다

	푸딩 만들기
________	손을 닦는다
________	그릇을 꺼낸다
________	계량컵을 꺼낸다
________	우유를 꺼낸다
________	우유를 컵에 가득 따른다
________	우유를 접시에 붓는다
________	식기세척기에 계량컵을 넣는다
________	우유를 치운다
________	푸딩박스를 꺼낸다
________	가위를 꺼낸다
________	박스를 뜯는다
________	봉투를 잘라 연다
________	그릇에 푸딩믹스를 담는다
________	박스를 버린다
________	가위를 치운다

________	거품기를 꺼낸다
________	타이머를 2분으로 설정한다
________	푸딩을 젓는다
________	타이머를 끈다
________	그릇 뚜껑을 덮는다
________	냉장고에 그릇을 넣는다
________	타이머를 5분으로 설정한다
________	식기세척기에 거품기를 넣는다
________	조리대를 닦는다
________	작은 그릇 2개를 꺼낸다
________	냅킨 2장을 꺼낸다
________	큰 숟가락 1개를 꺼낸다
________	"푸딩 먹을래?"라고 지미(Jimmy)에게 묻는다

면도하기	
________	면도 세트를 꺼낸다
________	면도기 스위치를 켠다
________	왼쪽 뺨을 민다
________	오른쪽 뺨을 민다
________	코 아래를 민다
________	턱을 민다
________	목을 민다
________	면도기 스위치를 끈다
________	수염이 잘 깎였는지 확인한다
________	면도기를 청소한다
________	면도기를 면도 세트에 넣는다
________	면도 세트를 치운다
________	세면대를 청소한다

해야 할 일 목록은 가사일, 음식 준비, 몸단장(신변처리)의 단서가 된다. 아동은 각 항목을 마친 후, 왼쪽에 체크 표시를 한다.

글자만 남겼다.

읽기 프로그램을 통해서 이제이는 5개월간 16개의 일견단어를 학습했지만, 글자를 덧붙이고 배경을 용암하는 절차를 통해서는 24일 동안 15

개의 일견단어를 학습하였다. 그리고 체육활동을 완수하면서 동시에 글자 읽기를 학습했기 때문에 효율적인 전략이라고 할 수 있겠다. 무엇보다 중요한 것은 이제이의 스케줄이 사진에서 글자로 전환되기 시작했다는 점이다.

자극용암 절차뿐만 아니라 다른 전략 또한 사진에서 글자로 전환시키는 데 효과적이다. McGee와 동료들(1986)의 연구를 보면 두 명의 자폐성 아동은 우발교수 활동 맥락에서 기능적 읽기기술을 습득하였다. 아동이 몸짓으로 장난감을 가리키거나 요구할 때는, 해당 글자를 먼저 선택해야지만 장난감을 가지고 놀 수 있었다. 그 결과, 아동은 목표글자를 이해하고 읽게 되었으며, 다른 크기와 글씨체로 제시되었을 때뿐만 아니라 색인카드가 아닌 책으로 제시되었을 때에도 읽기가 가능해졌다.

Miguel, Yang, Finn과 Ahearn(2009)은 아동이 사진에서 글자로 쉽게 전환하도록 하기 위해 표본대응(match-to-sample) 절차를 사용하였다. 아동은 실험자가 지시한 단어에 대응하는 사진과 글자 선택하기를 학습하였다. 훈련 후, 두 명의 자폐성 유아는 "활동 과제를 마치고 글자에 반응할 수 있게 되었고, 사진과 글자를 대응할 수 있게 되었으며, 다른 훈련 없이 글자를 읽을 수 있게 되었다"(p. 703).

읽기기술과 '해야 할 일' 목록

사진보다 글자가 활동을 보다 효율적으로 제시하기 때문에 읽기기술은 아동에게 자립과 선택의 기회를 준다. 아동이 글자 단서를 사용하기 시작한 초기에는 평소와 같은 방식을 지속하는 것이 좋다. 선택판과 노트에서 단어카드를 선택한 다음, 활동 스케줄 책에 붙이도록 한다. 하지만 아동이 활동 스케줄 사용에 오류를 보이지 않는다면 '해야 할 일' 목록을 도입한다.

습득한 글자를 사용하여 목록에 해야 할 일을 나열하고 아동은 일련의 반응을 통해 학습한다. 해야 할 일 목록을 숙제, 운동, 사회적 상호 교류 과제, 가사일, 음식 준비, 신변처리(몸단장) 활동의 단서로 사용할 수 있다.

아동이 쓰기기술이 있다면 각 항목 왼편에 빈 칸을 만들고, 각 활동을 마친 다음에 체크 표시를 하도록 가르친다(표 9-1 참조). 만약 연필 사용이 어렵다면 각 항목의 왼편에 동그란 벨크로 테이프를 붙여 두고, 각 활동을 마친 다음 동전이나 토큰을 옮기도록 가르친다(그림 9-5 참조).

그림 9-4

글자 활동 스케줄에서 "미트로프 만들기"라는 단어를 보면, 제임스(James)는 미트로프 만들기의 하위 스케줄을 가져온다. 미트로프 스케줄은 점점 일반적인 조리법과 같아진다.

Meatloaf

Pre-Heat oven to 375°F.

Ingredients

____ minced onion	____ Stuffing Mix
____ parsley flakes	____ milk
____ ground beef	____ egg
____ ketchup	____ Shredded Cheddar Cheese

____Wash Hands
____Get large mixing bowl
____Put meat in bowl
____Put 1 cup stuffing mix in bowl
____Put 1/2 cup milk in bowl
____Put 1/4 cup of shredded cheddar cheese in bowl
____Put 1/4 cup ketchup in bowl
____Put 1 tbsp minced onion in bowl
____Put 1 tbsp parsley flakes in bowl
____Put 1 egg in bowl
____Knead together
____Get loaf pan
____Place meat mix in loaf pan
____Spread 1 tbsp ketchup on top
____Put loaf pan in oven
____Set timer for 50 minutes
____Turn off oven
____Ask Mom, "Is it time for dinner?"

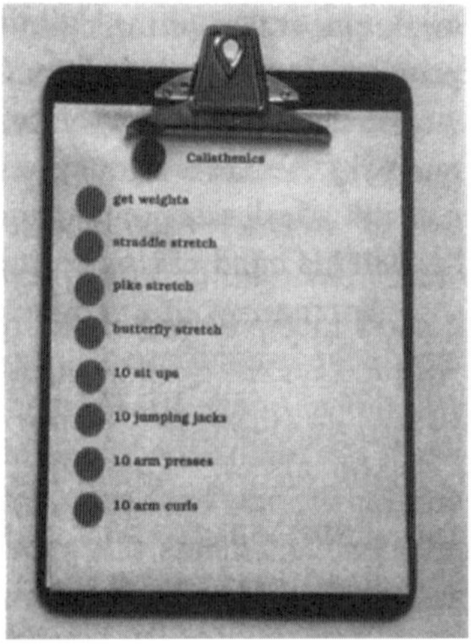

그림 9-5
해야 할 운동 목록. 매 과제를 마치고 아동은 동전을 다음 과제로 옮긴다.

아동에게 활동 스케줄 사용을 처음 가르쳤던 방법으로 해야 할 일 목록을 가르친다.

해야 할 일 목록은 과제를 완수하는 데 핵심적인 역할을 한다. 성인도 운동, 심부름, 식료품 구입, 전화하기와 같은 과제를 떠올리기 위해 해야 할 일 목록을 사용한다.

다이어리 사용하기

읽기기술과 쓰기기술이 발달하면서 몇몇 아동은 우리가 사용하는 것과 매우 흡사한 다이어리를 사용하기 시작한다. 이전에 글자를 제시했던 선택판 또는 노트에서 작은 상자 안에 넣을 수 있는 3×5인치 크기의 정보카드로 바꾼다. 평소와 같은 교수절차를 사용하여 카드를 상자에서 꺼내서 바닥에 놓고, 순서대로 나열한 다음, 아동이 선택한 순서대로 다이어리에 적도록 신체적 안내를 한다. 활동 스케줄을 만들고 나서, 신체적 안내와 촉진용암법을 사용하여 완료한 활동에 체크하기나 선 그어 지우기를 가르친다(7쪽의 그림 1-5 참조). 몇몇 아동은 노트에 카드를 배열하여 자신의 활동 스케줄을 구성하는 데 매일 30분 이상을 소요하기도 한다. 이것을 문제로 생각하기보다 활동 스케줄에 관심이 있다는 신호로 본다.

아동의 글씨 크기에 맞게 다이어리나 일과계획표 중에 선택하도록 한다. 아동의 글씨가 크다면, 책상 크기의 계획표를 제공하고 행간을 점점 줄여 가도록 한다. 아동의 글씨 크기가 작다면, 글씨 크기에 맞는 작은 다이어리를 구입한다.

아동들에게 다이어리 또는 계획표는 그들의 주요 활동 스케줄이다. 이러한 주요 활동 스케줄에는 많은 하위 스케줄이 있다. 토머스(Thomas, 10세)는 많은 하위 스케줄을 가지고 있다. 예를 들어, 토머스의 일과계획표의 주요 활동이 수학일 경우, 하위 스케줄로는 연산과제 활동지가 있는 노트를 꺼내기, 책상으로 가지고 가기, 과제 완수하기, 손을 들고 선생님에게 과제 확인 요청하기, 교사와 답을 확인한 후, 과제 정리하기, 일과계획표로 돌아와 완수한 활동에 체크 표시하기 등의 활동이 있을 것이다.

어떤 날에는 활동 스케줄에 음식 준비가 포함되기도 한다. 아동은 이전에 습득한 조리법이 있는 노트와, 새로운 음식인 치킨 누들 캐서롤 만들기를 학습하기 위해 사용 중인 '해야 할 일 목록'을 꺼낸다. 목록에는 이전에 습득한 음식 준비 활동은 포함되어 있지 않다. 예를 들면, 손 씻기, 캔 열기, 또는 식기세척기에 더러운 접시와 식기 넣기와 같은 글씨 단서는 더 이상 필요하지 않다. 그 외 하위 스케줄에는 읽기, 철자 쓰기, 타이핑하기, 이 닦기, 운동, 그리고 점심 식사 하면서 친구와 대화하기가 있다.

첨단 기술을 활용한 활동 스케줄

오늘날에는 PC(personal computer)나 노트북으로 제시되는 활동 스케줄을 사용할지도 모르겠다. PC를 활용한 활동 스케줄은 활동 스케줄 사용방법을 알지만 공간이동이 필요한 활동을 아직 습득하지 않은 아동에게 유용하다. 파워포인트 소프트웨어를 이용하여 사진, 소리, 글자, 비디오를 포함한 PC용 활동 스케줄을 만들 수 있다(Rehfeldt, Kinney, Root, & Stromer, 2004).

사진 활동 스케줄이나 글자 활동 스케줄 사용방법을 배운 자폐성 유아, 청소년, 성인은 다음 단계로 휴대용 또는 초소형 컴퓨터라 불리는 개인 휴대 정보 단말기(PDA)를 이용한 스케줄을 사용할 수도 있다. 애플사의 아이팟 터치, 아코스(Archos, 프랑스의 MP3플레이어 업체의 이름으로, 휴대용 멀티미디어 재생기의 모델명이기도 하다-역주), 그리고 마이크로소프트사의 준(Zune, 마이크로소프트사에서 출시한 휴대용 멀티미디어 재생기-역주)과 같은 휴대용 컴퓨터는 디지털 사진이나 글자를 나타낼 수 있다. 우리 기관에서는 9살 아동들이 휴대용 단말기에 나타나는 사진과 글자를 이용해 활동 스케줄 사용방법을 배우고 있다. 아동들은 스타일러스 펜 또는 터치스크린을 사용하여 완수한 활동을 지워 나간다. 처음에는 스타일러스 펜이나 터치스크린 사용에 익숙치 않아 디지털 장치가 고장날 수도 있지만 신체적 안내와 촉진용암법(때때로 토큰 줄이기)으로 이러한 문제를 해결할 수 있다. 많은 자폐성 유아, 청소년, 성인들은 아직 자신의 PDA에 활동 스케줄을 추가하는 것을 배우지 않아 교사나 부모가 이 과제를 대신 해야 하지만, 나중에 학습하게 될 것이다. PDA에 활동 스케줄을 추가하는 과제도 사진 또는 글자 활동 스케줄을 통해 가르치도록 한다(그림 9-6 참조).

Mechling, Gast와 Seid(2009)는 사진, 소리, 비디오 촉진과 읽기 기능이 탑재된 개인 휴대 정보 단말기(PDA)를 사용하여 자폐성 학생들에게 햄버거 헬퍼(Hamburger Helper, 인스턴트 파스타의 한 종류로 파스타면과 분말스프가 들어 있어 몇 가지 재료만 추가하여 파스타를 완성할 수 있다-역주. 그림 9-7 참조)와 토스트 오븐피자 준비하기를 가르쳤다. 이 연구에 따르면 조리 기술은 청소년기에도 장기간 유지되었다고 보고하고 있다. 하지만 여러 단서(예를 들어, 사진, 비디오, 소리, 목소리)가 아동들의 자립 발달을 늦출 수도 있다는 점에 유의해야 한다. 왜냐하면 이런 다수의 촉진은 결국 용암되어야 하기 때문이다.

오늘날 초소형 컴퓨터는 아주 흔하여, 자폐성 아동은 어디에서든

그림 9-6
컴퓨터에 활동 계획표를 추가하는 토미(Tommy).

그림 9-7 햄버거 헬퍼.

지 사용할 수 있다. 노트 안의 활동 스케줄은 번거로울 수 있고 다른 사람의 시선을 끌기도 하는 반면, PDA 활동 스케줄은 눈에 덜 띄지만 비싸다. 링 바인더 사진 활동 스케줄과 PDA 사진 활동 스케줄 사용을 비교한 연구 결과, 수행에 있어서 차이점이 없었으며, 두 가지 방식 모두에서 계속된 참여와 높은 과제 완수율을 보였다(Decker, Ferrigno, May, Natoli, Olson, Schaefer, Cammilleri, & Brothers, 2003).

10

사회적 상호작용 기술 확장하기

도입

3장에서 아동의 첫 활동 스케줄에 사회적 활동을 포함시키는 방법에 대하여 설명하였다. 이 장에서는 좀 더 복잡한 사회적 상호작용 과제를 프로그램화하는 방법에 대해 설명한다. 현재 아동의 언어 수준을 고려한다면, 이러한 방법들이 성공으로 이어질 가능성이 높아진다.

무발화 아동의 사회적 기술

음성언어를 습득하지 못한 아동도 사회적 활동을 시작하는 방법을 배울 수 있다. 예를 들어, 아동은 활동 스케줄 책, 선택판에 있는 사진 카드(예 : 그네, 기차, 비눗방울)를 떼어 교사나 부모에게 건네줌으로써 사회적 활동을 시작할 수 있다. 또 아동이 말을 할 수 없더라도, 성인을 찾아 주의를 끈 다음 사회적 교환(social exchange)을 하는 대화의 모형을 만들 수 있다.

이후 아동의 선택판에 가족 구성원이나 교사의 사진을 붙이고 하고 싶은 활동과 활동을 같이 할 사람을 선택하도록 가르친다. 사회적 활동 시작하기는 먼저 활동 사진을 선택하고, 인물 사진을 선택함으로써 시작된다. 그다음 활동 사진이 붙어 있는 카드에 인물 사진을 붙이고, 선택한 인물을 찾아가서 그 카드를 건네는 방법이 있다.

교사나 부모는 좋아하는 책 읽어 주기, 음악이나 소리가 나는 장난감 같이 가지고 놀기, 블록으로 빌딩 만들었다가 부수기, 손전등 놀이 하기, 세발자전거 뒤에서 밀어 주기, 무릎에 앉히고 말 타기 놀이 하기와 같은 아동이 즐거워하고 선호하는 사회적 활동을 제공해야 한다. 아동이 아직 사물을 주시하는 능력이 충분히 발달되지 않은 경우, 교사나 부모는 카드를 받은 후 아동과 눈맞춤을 하고 나서 선택한 활동을 하게 하여 사물 주시 능력을 기를 수 있다.

자폐성 아동은 종종 타인의 '주의 끌기'를 어려워한다. 즉 사회적 경험을 공유하기 위한 대상(object)을 손가락으로 가리키거나 다른 사람에게 보여 주려 하지 않는다. 예를 들어, 자신이 색칠한 그림을 부모에게 보여 주지 않고, 흥미를 느끼는 물건을 가리키거나 놀이 활동 중인 자신을 봐 달라고 부모에게 요구하지 않는다. 하지만 부모가 무심코 주목하여 강화한 상동행동이나 방해 행동은 보일 수도 있다. 이 패턴이 장기간 지속된다면 아동의 방해 행동은 보다 빈번해지고 적절한 행동으로 주의를 끄는 기술의 발달은 또래보다 뒤떨어지게 된다. 아동의 언어 발달과 더불어 사회적 상호작용 활동을 조기부터 지속적으로 지도하는 것은 매우 중요하다.

커크

커크(Kirk, 6세)는 학교에서 집으로 돌아오는 차 안에서 엄마가 평소와 다른 길로 가거나 차를 멈추고 용무를 볼 때면 울거나 좌석의 뒷부분을 발로 차는 행동을 종종 나타냈다. 엄마는 사전대책으로 정차하는 모든 장소의 사진을 찍어 사진첩 한 쪽에 한 장씩 사진을 붙였다. 사진첩 표지에는 버튼형 음성 녹음기를 벨크로 테이프로 부착하고, "우리 어디 가요?"라는 질문이 녹음되어 있는 녹음기를 재생할 수 있게 하였다. 사진첩 마지막 쪽에는 집 사진을 붙였다. 각 토큰은 각 쪽 하단에 붙였으며, 사진첩 표지에 토큰을 벨크로 테이프로 붙여 놓았다.

차에 타기 전, 엄마는 그날의 계획에 따라 사진을 재구성하였다. 일을 마친 후, 은행을 떠나면서 엄마는 "은행 볼일이 끝났어. 토큰을 붙이렴." 또는 "은행에서의 볼일이 끝났단다. 토큰을 받을 수 있겠구나."라고 말했다. 커크가 발로 차거나 울면, 토큰을 얻지 못했고, 마음대로 토큰을 붙이려 하면, 안전한 곳에 차를 세우고, 사진첩과 토큰을 치웠다. 커크가 토큰을 전부 붙이면, 집에 돌아와 토큰을 특별한 보상으로 교환할 수 있게 하였다.

첫 연습에서는 커크의 누나가 차에 같이 타 활동 스케줄 사용을 안내하였다. 연습을 몇 번 하고 나서, 커크는 차 안에서 스스로 활동 스케줄을 해 보고 확인하였다. 그 결과, 방해 행동은 현재 거의 없어졌다. 2주 후, 커크는 차에 타자마자 녹음기를 사용하지 않고 "우리 어디 가요?"라고 물을 수 있게 되었다. 이렇게 3번 연속 차를 타고 나서, 녹음기를 없앴고, 엄마와 정차하는 곳에 대해 대화를 시작할 수 있었다.

몇 개의 단어만 말하는 아동을 위한 사회적 기술

일반 유아는 "보세요.", "저를 보세요.", "저게 뭐예요?", "아빠 어디 있어요?", "다 끝났어요."와 같은 말을 종종 하곤 한다. 이러한 언어는 카드 판독기 또는 버튼형 음성 녹음기를 사용하여 아동의 활동 스케줄에 포함시킬 수 있다. 이렇게 하여 아동이 상호작용을 시작하게 할 수 있으며, 교사나 부모의 언어 촉진에 덜 의존하게 된다.

아동이 모방하길 바라는 언어 표현을 녹음한 후, 사용할 순서에 맞게 활동 스케줄에 넣는다. 카드 판독기와 카드를 사용할 경우, 카드를 읽는 부분 위에 벨크로 테이프로 카드를 붙일 수 있다. 만약 Voice-Over(부록 B 참조)와 같은 비교적 얇은 버튼형 음성 녹음기를 사용할 경우에는 활동 스케줄에 녹음기를 붙일 수 있다.

만약 "보세요."라는 단어를 녹음한 경우, 아동이 만든 것을 당신에게 보여 주는 활동 순서에 카드 또는 녹음기가 오도록 활동 스케줄 책의 순서를 배치한다. 예를 들면, 색칠하기, 퍼즐 맞추기, 블록 쌓기를 끝낸 후에, 완성한 것을 교사나 부모에게 가져오고, 활동 스케줄에서 카드 또는 녹음기를 떼어, 녹음된 단어를 재생하고, "보세요."라고 말하도록 가르친다. 또 "저를 보세요."라는 말을 녹음한 경우, 카드나 녹음기 사진을 관중이 있는 활동 앞에 배치한다. 아동이 녹음된 말을 재생한 후, "저를 보세요."를 따라 말한 다음, 앞구르기, 트램펄린에서 뛰기, 공 던지기 또는 경사로를 달려 내려오기를 하도록 가르친다.

아동이 "보세요." 또는 "저를 보세요."를 말하면 뜨겁게 반응해 주고, 많은 언어를 요구하지 않는다(이것은 비연속개별시도 교수 회기가 아니기 때문이다). 그 대신 아동이 이해할 수 있고, 흥미를 끌 수 있는 문장을 말한다(예 : "아이스크림을 색칠했네!", "토끼 퍼즐이네!", "빨간 불자동차다!"). 그리고 기대하는 눈빛으로 아동을 바라보면서 어떤 말을 할지 기다린다(만약 아동이 아무 말도 하지 않는다면, "토끼가 보라색이네."와 같은 다른 간단한 문장을 말한다). Krantz와 McClannahan(1998)은, 일정 기간을 거친 후 아동은 자신이 이미 알고 있는 단어와 상대방의 단어를 조합하여 "보세요, 토끼예요." 또는 "큰 불자동차다."와 같은 새로운 문장을 만들 수 있다고 보고하고 있다.

활동 스케줄에 이러한 사회적 활동을 추가할 때에는, 성공할 가능성을 높이기 위해 환경을 조정하는 것이 중요하다. 활동 스케줄과 카드 판독기는 장난감 선반 가까이에 놓는다. 또한 아동의 눈높이에 맞추어 바닥이나 작은 의자에 앉고, 오류가 일어나지 않도록 활동 스케줄 가까이에 앉아 빠르게 촉진하도록 한다.

아동이 교사나 부모에게 가서 카드 판독기 또는 버튼형 음성 녹음기에 녹음된 단어를 모방하여 결과나 활동을 보여 주도록 가르치기 위해서, 평소와 같은 신체적 안내와 촉진용암 절차를 사용한다. 만약 아동이 녹음된 단어를 재생하거나 모방하지 않는다면, 한 번 더 (그리고 몇 번이고 되풀이해서) 재생하도록 신체적 안내를 하되 언어적 촉진은 하지 않는다. 만약 아동이 녹음된 단어를 모방할 수 없다면, 이를 활동 스케줄에 포함시키기 전에 비연속개별시도 교수를 하여 녹음된 단어를 모방할 수 있게 한다.

아동이 첫 번째 사회적 과제를 습득하면 다른 과제를 추가하도록 한다. "아빠 어디 있어요?"와 같은 녹음된 문장은 간지럼 태우기 또는 공중 띄우기를 해 주는 부모를 집 안을 돌아다니며 찾을 수 있는 기회가 되며, "강아지 어디 있어요?"와 같은 문장은 마당을 걷고 반려동물과 함께 놀 수 있는 기회가 된다.

아동이 보다 능숙하게 녹음된 문장을 재생하고, 교사나 부모에게 가서 스크립트를 말할 수 있게 되면, 아동에게 대화 상대 찾기를 가르치도록 한다. 이러한 절차는 **자폐성 아동에게 대화기술 가르치기 : 스크립트와**

스크립트 용암(*Teaching Conversation to Children with Autism: Scripts and Script Fading*)에 자세하게 설명되어 있다(McClannahan & Krantz, 2005).

또래와 상호작용 기술 형성하기

타인의 행동을 관찰하고 모방하기를 학습하는 것은 사회적 상호작용 기술 발달에 있어서 중요하다. 부모는 아기에게 종종 "안녕.", "음… 좋아.", "끝.", "아빠.", "엄마."와 같은 언어의 모델을 보여 준다. 일반 유아는 이러한 모델을 바로 모방하기 시작한다. 하지만 많은 자폐성 유아는 모방학습에 있어서 특별한 지도를 필요로 하며, 교사와 부모의 모델을 정확하게 모방할 수 있게 되어도 다른 또래아동의 반응을 모방하지 않는 경우도 있다. 또래모방을 가르치는 것은 또래와의 상호작용 발달의 첫걸음이다.

또래모방 프로그램은 면밀하게 구조화된 환경에서 시작한다. 두 아동이 탁자를 사이에 두고 서로 마주 보고 앉아 있다. 각 아동의 앞 탁자 위에는 동일하게 세 개의 장난감이 놓여 있다. 그리고 성인은 아동의 뒤에 앉거나 서 있다. 한 아동은 장난감 사진이 포함된 활동 스케줄을 가지고 있다. 아동의 뒤에 있는 성인은 아동에게 활동 스케줄 책을 펴고 장난감 사진을 가리킨 다음 사용하도록 안내한다. 다른 아동의 뒤에 있는 성인은 아동이 또래의 놀이행동을 모방하도록 안내한다. 두 아동 모두 토큰을 받는데, 한 명은 사진에 있는 놀이 활동을 모델링하여 받는 것이고, 다른 한 명은 또래의 놀이 행동을 모방했기 때문에 받는 것이다. 활동 스케줄을 완수하면, 두 아동은 토큰을 특별한 보상과 교환하고 그다음 또래 '교사'와 '학생'의 역할을 바꿔서 한다.

'교사'와 '학생'에 대한 촉진은 처음에 점진적 안내를 사용하다가 용암해 나간다. 아동들로부터 성인이 30~60센티미터 떨어져 있어도 두 아동이 활동 스케줄을 따르고 또래를 모방할 수 있게 되면, 활동 스케줄 사진의 순서를 재배열하고, 탁자 위 장난감을 다른 순서로 배열한다.

아동이 또래의 행동을 정확하게 모방하면, 손 흔들기, 뛰기, 박수 치기, 앉기와 같은 다른 행동을 모방할 수 있게 가르친다. 아동들이 알파벳을 말할 수 있다면, 활동 스케줄은 한 아동이 또래 아동에게 "A를 집어."라고 지시하는 단서가 되고, 또래는 지시받은 목표글자를 찾아 알파벳 퍼즐을 맞춘다. 다른 활동 스케줄에서는 '교사' 역할을 하는 아동이 또래 아동에게 "2를 찾아." 또는 "소를 집어."와 같은 지시를 하는 단서가 된다. 물론 목표는 이렇게 고도로 구조화된 형식을 넘어서 더 나아가 함께 퍼즐 맞추기, 교대로 미끄럼틀 타고 내려오기, 운동장에서 잡

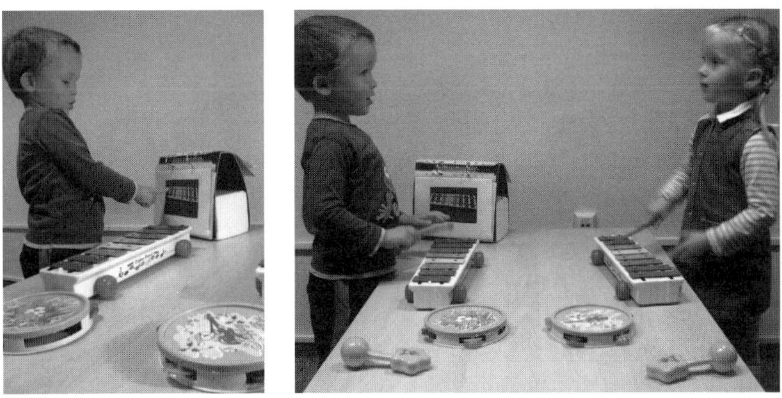

그림 10-1

(좌) 교사 역할을 하는 야체크(Jacek)가 활동 스케줄 사진을 손가락으로 가리킨다. (우) 야체크가 실로폰을 연주하는 행동을 하면, 알렉산드라(Aleksandra)가 그것을 모방한다. 다음에는 순서를 바꾸어 알렉산드라가 또래교사가 되고 야체크가 알렉산드라의 행동을 모방한다.

기 놀이 하기, 달리기 시합하기, 게임하기(Betz, Higbee, & Reagon, 2008), 장난감 가지고 놀면서 상호작용 시작하기(Wichnick, Vener, Keating, & Poulson, 2010)와 같은 협동놀이 활동을 가르치는 것이다.

구와 문장을 사용하는 아동을 위한 사회적 기술

성인은 자신이 마무리한 일이나 앞으로의 할 일에 대해 종종 이야기하곤 한다. 글을 읽을 수 있는 자폐성 아동도 녹음된 문장을 따라 읽거나 작성된 문장을 읽어 이 같은 일을 할 수 있다. 예를 들면, 활동 스케줄은, "자르기 할래요.", "글씨 쓰기 끝냈어요."와 같은 말을 아동이 할 수 있게 하는 단서가 될 수 있다. 프린스턴아동발달연구소 연구에 따르면, 능숙하게 언어를 사용하는 아동의 경우, 여러 가지 대화의 예를 제시함으로써 언어의 사용을 확대할 수 있다. 예를 들면, 가위와 풀을 사용하려고 하는 아동은 "자르기 할래요.", "붙일 차례예요.", "자르기가 좋아요." 중 하나를 선택할 것이다. 자르기와 붙이기가 끝났을 때 아동은 다시 "자르기는 재밌어요.", "자르기를 끝냈어요.", "붙이기가 끝났어요." 중 하나의 문장을 고를 것이다.

그림 10-2
마르타(Martha)는 일부 용암된 스크립트 "…쓰기"를 재생하기 위해 버튼을 누른다. 그리고 선생님에게 "쓰기는 재미있어요."라고 말한다. 선생님은 "엄마라고 썼구나!"라고 응답한다.

글자와 음성 스크립트는 아동이 다른 사람들과 정보를 주고받는 법을 알게 하며, 타인에게 활동에 참여하도록 요청(권유)하는 법을 배울 수 있게 한다. 예를 들면, 유아는 학급친구와 손을 잡고 시소를 타러 가면서, “가자.” 또는 “같이 가자.”가 녹음된 문장을 모방하여 말할 수 있을 것이다. “뭐 하고 있니?” 또는 “이게 뭐야?”와 같은 문장은 보통 부모뿐만 아니라 형제자매, 또래, 그리고 친척에게도 사용하여 반응을 이끌어 낼 수 있다. 그리고 더 나은 말하기기술 또는 읽기기술을 가지고 있는 유아는 “나는 햄버거가 좋아.”, “가장 좋아하는 레스토랑은 어디야?”, “토니는 내 친구야.”, “애완동물 기르는 거 있어?”, “음악 좋아해?”와 같은 진술 또는 질문으로 대화를 시작할 수 있을 것이다.

그림 10-3 I 녹음된 스크립트

론과 교사의 이 대화는 론이 녹음된 스크립트를 재생한 후부터 시작되었다. 여기에서 주목할 점은 교사가 질문과 지시를 하지 않으면서, 론이 흥미로워할 문장을 만드는 것이다.

론 : (녹음된 스크립트를 말한다.) 나는 엄마랑 아빠랑 캠핑 가요.

교사 : 침낭을 가지고 있구나.

론 : 나는 텐트에서 자요.

교사 : 강가에서 캠핑을 하는구나.

론 : 강가에서… 나는 수영을 해요.

교사 : 너 수영 잘하는구나! (론의 반응을 향상시키기 위해 주제를 확장한다.) 수영을 하고 나서 보트에 타겠구나.

론 : 보트… 나 보트 좋아해요.

교사 : 선생님도 보트 좋아해. 그리고 캠핑장에서 핫도그 만들어 먹는 것도 좋아한단다.

론 : 나는 핫도그 좋아해요.

교사 : 선생님은 핫도그에 머스터드랑 케첩을 뿌려.

론 : (10초간 반응이 없음)

교사 : 즐거운 대화였어.

론 : 즐거운 대화였어요. (스케줄로 돌아간다.)

이러한 대화의 시작은 질문 공세가 아닌 아동이 이해하기 쉽고 흥미로워하는 문장이어야 한다. 사회적 상호작용 기술은 자폐성 아동에게 어렵지만, 어려운 질문을 하지 않고 말을 많이 하도록 요구하지 않는다면 상호작용도 보상이 될 수 있음을 쉽게 배울 수 있다. 그림 10-3에는 론(Ron, 9세)과 교사의 대화가 나와 있다. 론이 가족과 함께 캠핑을 하는 것을 좋아하여 이전에 녹음한 일부 스크립트를 여기에서 사용하였다. 여기에서 주목할 점은 교사는 질문과 지시를 하지 않으면서 론의 참여를 격려하는 방법으로 대화를 이끌고 있다는 점이다.

음성 및 글자 단서의 용암

아동이 녹음된 문장이나(음성 스크립트) 또는 쓰여 있는 문장을(글자 스크립트) 사용하여 사회적 상호작용을 시작하게 되면, 다음 단계로 이러한 단서들을 서서히 제거하여 자립해 나갈 수 있게 한다. 예를 들어, 녹음된 문장이 "무엇 하고 있어?"이고, 아동이 이 문장을 언제든지 말할 수 있다면 마지막 단어를 지우고, "무엇 하고"만 재생하도록 한다. 아동이 두세 번 계속해서 완전한 스크립트를 말할 수 있게 되면 한 단어를 더 지우고, "무엇"만 재생하도록 한다. 아동이 오류를 보이면 이전 단계("무엇 하고")로 돌아간다. 하지만 아동이 반복하여 정확하게 말할 수 있게 되면, "무엇" 소리를 점점 사라지게 한다. 마지막에는 "무엇"을 지우고, 빈 카드 또는 아무것도 녹음되지 않은 버튼형 음성 녹음기를 제시한다(Stevenson, Krantz, & McClannahan, 1998).

빈 카드 또는 아무것도 녹음되지 않은 음성 녹음기를 접하면, 많은 아동들은 문장을 말하기 전에 몇 번이고 버튼을 누르거나 재생을 하는 등 마치 카드 판독기 또는 버튼형 음성 녹음기가 고장 난 것처럼 행동을 한다. 만약 아동이 문장을 말하지 않으면, 그 카드 또는 버튼형 음성 녹음기를 놔두고, 당신을 바라보도록 신체적 안내를 사용한다. 그래도 아동이 문장을 말하지 않으면, 이전 단계("무엇"만 녹음된 것을 재생)로 돌아간다. 최종적으로, 카드나 녹음기가 없어도 문장을 말하게 되면, 더 많은 대화 기술을 가르치기 위해 새로운 문장을 추가하고 같은 과정을 반복한다.

스크립트 용암 절차는 글자를 학습하는 아동들의 경우에도 마찬가지이다. 만약 아동이 "너는 노래 부르기를 좋아하니?"라는 문장을 읽을 수 있다면, 문장은 "너는 노래 부르기를"로 용암되고, 계속해서 정확하게 읽으면, 스크립트는 "너는"으로 용암되고, 일반적인 단서("말하기"와 같은 단어)만 활동 스케줄에 남을 때까지 계속한다(Krantz & McClannahan, 1993).

마커스

마커스(Marcus, 7세)는 피아노 연주를 좋아하지만, 피아노 연주에 대해 말한 적은 없다. 마커스가 어느 정도의 읽기기술을 가지고 있었기 때문에, 교사는 피아노 연주에 관한 스크립트를 작성하였다. "나는 피아노 연습을 할 거예요.", "이 곡을 들어 보세요.", "내가 가장 좋아하는 노래입니다."와 같은 스크립트를 색인카드에 적었다. 그다음에 교사는 마커스에게 목표문장을 읽게 했다. 만약 마커스가 일부 단어를 읽지 않거나 틀릴 경우, 스크립트를 활동 스케줄에 추가하기 전에 그 단어를 플래시 카드로 만들어서 읽도록 하였다. 그런 후 스크립트를 활동 스케줄에 넣었고 안정적으로 읽게 되면 마지막 단어부터 첫 번째 단어로 서서히 용암하였다. 예를 들어 "나는 피아노 연습을 할 거예요."는 "나는 피아노 연습을"이 되고, 그리고 "나는 피아노"가 되어 "나는"으로 용암되고, 최종적으로 스크립트는 없어지고 빈 카드만이 남게 된다.

스크립트의 시작과 용암이 몇 세트 반복된 후에, 마커스는 일일 활동 스케줄의 페이지를 넘기고, 그림 10-4에 나타난 피아노 활동 스케줄을 찾는다. 교사는 스케줄에 있는 "말하기" 단어를 가리키도록 안내하고, 토큰 하나를 보여 주고 나서 기다렸다. 몇 초 후, 마커스는 "나는 피아노 연습을 할 거예요."라고 말했다. 그림 10-4는 피아노 활동 스케줄 및 마커스와 교사가 상호작용하고 있는 장면을 보여 주고 있다.

피아노 연습하기

___ 말하기
___ 첫 번째 곡 연주하기
___ 말하기
___ 두 번째 곡 연주하기
___ 말하기
___ 세 번째 곡 연주하기
___ 말하기

그림 10-4
(좌) 피아노 활동 스케줄은 마커스가 듣는 사람과의 상호작용을 쉽게 하도록 도와준다. (우) 첫 번째 곡을 연주한 후에 마커스는 교사를 향해 앉아서 "나는 양키 두들을 연주했어요."라고 말한다.

11

성인을 위한 활동 스케줄

프린스턴아동발달연구소(PCDI)에서 중재를 받은 적이 있는 몇몇 자폐성 아동은 공립학교에 성공적으로 적응하였으며, 지금은 우리와 비슷한 생활을 하는 성인이 되었다. 배움의 정도와 과정은 매우 다르지만, 우리가 사용하는 것과 같은 촉진 체계와 메모를 사용한다. PCDI에서 계속해서 지원받고 있는 청소년과 성인 중에는, 아주 어렸을 때부터 활동 스케줄을 사용한 사람도 있다. 하지만 이 전략은 비교적 최근에 만들어진 것이기 때문에 성인이 될 때까지 활동 스케줄 사용법을 학습할 기회가 없었던 사람도 있다. 자폐성 성인에게 활동 스케줄 사용법을 가르치는 것이 결코 늦은 것은 아니다.

하지만 가장 좋은 상황은 21살이 되기 훨씬 이전부터 성인기 준비를 하는 것이다. 교사나 부모는 아동이 성인으로서 필요한 기술을 습득할 수 있게 교육을 일찍 시작해야 한다(McClannahan, MacDuff, & Krantz, 2002). 이러한 기술은 다음의 내용을 포함한다.

- 신체적 안내 수용하기
- 사진 또는 글자 활동 스케줄에 따라 행동하기

- 필요한 경우 도움 요청하기
- 자신의 활동을 선택하고 배열하기
- 사회적 상호작용 시작하기
- 계속적인 지시 없이 과제 완수하기
- 자신에게 보상하기
- 시간이 많이 필요한 활동 완수하기

활동 스케줄은 가사활동을 완수하거나 다른 가족 구성원과 상호작용을 하거나 취업에 필요한 기술을 습득하거나 지역생활에 참여하는 등 보다 길고 정교한 일련의 행동을 학습하도록 도와주기 때문에 어린 시절뿐만 아니라 성인기에도 중요한 역할을 할 수 있다.

가정에서의 활동 스케줄

PCDI의 프로그램에 입학한 청소년과 성인 중에는 부모와 함께 가정에서 생활하는 사람, 그룹 홈에서 생활하는 사람, 관리감독이 있는 아파트에서 가정을 꾸리고 사는 사람이 있다. 가정환경의 유형에 관계없이 가정에서 생활하기 위해서는 많은 기술이 요구된다. 다음 단락에서는 패트릭(Patrick), 토니(Tony), 케이트(Kate)라는 세 명의 자폐성 청소년 및 성인이 활동 스케줄을 사용하여 최대한 자립할 수 있게 하는 방법에 대하여 설명한다.

패트릭

글자를 읽지 못하는 패트릭은 부모와 두 명의 형제자매와 함께 집에서 생활하고 있다. 주요 사진 활동 스케줄은 많은 하위 스케줄을 포함하고 있어서 각 활동의 많은 단계를 하나의 시각적 단서로 나타냈다(Mechling, Gast, & Seid, 2009). 예를 들면, 면도하기 활동 스케줄은 이전에는 18장의 사진으로 구성되어 있었지만 지금은 한 장의 사진으로 나타나 있다. 또 하위 스케줄이 있었던 샤워하기, 손톱 깎기, 여드름 크림 바르기와 같은 활동도 한 장의 사진으로 나타냈다.

패트릭은 계절에 맞는 옷을 선택하거나 색을 맞추어 옷을 선택하지 못했다. 이러한 이유로 부모는 셔츠와 바지를 조합한 "함께 입기" 사진을 찍어서 선택 책에 넣었다. 매일 아침 패트릭은 선택 책에서 사진을 하나 선택하여 활동 스케줄에 붙이고, 해당 옷을 찾아 입었다.

며칠 전 패트릭은 활동 스케줄을 사용하여 옷을 세탁하고 건조시키기를 학습하였다. 이후에 세탁기와 건조기가 찍힌 한 장의 사진은 세탁을 돕는 단서가 되었다. 하지만 패트릭이 밝은색과 어두운색 옷의 분류를 어려워했기 때문에 패트릭의 엄마는 세탁물을 계속 분류해야 했다. 엄마는 이 문제를 컬러프린터를 사용하여 해결하였다. 밝은색의 그러데이션과 어두운색의 그러데이션을 인쇄하여, 세탁물 바구니에 각각 붙였다. 밝은색 옷과 어두운색 옷이 가득한 세탁물 바구니 사진을 패트릭의 활동 스케줄에 추가했다. 그리고 엄마는 신체적 안내와 촉진용암 절차를 사용하여, 세탁물 바구니에 붙어 있는 샘플 색과 옷을 맞춰 보고 바구니에 옷을 분류하도록 가르쳤다.

사진 활동 스케줄을 이용하여 가르친 가사활동으로는, 식탁 차리기, 식기세척기에 그릇 넣고 꺼내기, 자기 방 청소하기, 그리고 식사 준비하기 등이 있다. 패트릭은 아침 식사로 토스트, 스크램블 에그, 오트밀 만들기를 학습하였다. 점심 식사로는 샌드위치와 샐러드, 저녁 식사로는 스파게티, 미트볼, 셰퍼드 파이(고기만두), 참치 캐서롤 만들기를 학습하였다.

패트릭은 말을 할 수 있지만, 먼저 말을 거는 일이 거의 없었기 때문에 활동 스케줄에 사회적 상호작용 과제를 포함시켰다. 패트릭의 주요 활동 스케줄에 번호를 매긴 버튼형 음성 녹음기 사진이 있으며, 사진의 번호를 하위 스케줄 근처 선반에 놓여 있는 음성 녹음기 번호와 맞춘다. 패트릭은 책장을 넘긴 다음, 해당 번호의 음성 녹음기를 가지고 와서, 대화를 할 수 있는 가족 구성원을 찾는다. 음성 녹음기에는 "무엇을 하고 있니?", "도와줄까?", "나는 지금부터 ~을/를 할 거야.", 그리고 "~이/가 끝났어."라는 샘플 문장이 들어 있었다. 패트릭은 누군가의 도움 없이 이러한 문장을 사용할 수 있게 되었다. 다른 스크립트는 그가 형제자매와 활동을 시작할 수 있도록 도와주었다(예를 들면, "도미노 하고 싶니?").

패트릭의 주된 활동 스케줄의 선택 책에는 여가활동의 단서가 되는 사진도 있다. 선택 책에는 비디오 게임, MP3 플레이어, 퍼즐, 인라인 스케이트, 컴퓨터, 과자, TV, 그리고 자전거 사진이 포함되어 있다. 패트릭은 키친 타이머를 이용하여 시간을 재는 학습을 하였다. 그리고 각 활동에 할당된 시간이 몇 분인지 나타낸 숫자를 사진에 덧붙였다. 필요에 따라 부모는 다른 가족 구성원과 협동 활동을 하도록 하기 위해 이 시간을 조정하였다. 패트릭이 새로운 기술을 학습할 때는 점진적 안내와 촉진용암 절차가 필요했지만, 활동 스케줄을 통해 독립적인 생활을 할 수 있게 되었으며, 가정에 기여를 할 수 있게 되었다.

토니

토니는 청소년기를 그룹 홈에서 보냈지만, 지금은 자폐성 성인과 함께 아파트에서 살고 있다. 청소년기에 사진 활동 스케줄을 사용하였지만 현재는 글자 단서를 사용하고 있다. 글자 읽기가 쉽지 않기 때문에, 글자 활동 스케줄에 단서를 추가하기 전에 일견단어 학습을 하였다.

룸메이트와 마찬가지로 토니는 일일, 주간, 그리고 월간 활동 스케줄을 사용하고 있다. 일일 활동 스케줄에는 성인들이 하는 비슷한 활동이 포함되어 있다. 주간과 월간 활동 스케줄 일부가 표 11-1에 나타나 있다. 토니는 저녁 메뉴를 정할 때 '요리책'을 참고한다. 요리책에는 이미 습득한 모든 조리법(글자 활동 스케줄)과, 현재 배우고 있는 조리법이 포함되어 있다. 토니는 다음 주에 할 몇 가지 조리법을 골라, 쇼핑 목록에 필요한 재료를 적는다. 토니는 평소에 사용하는 일용품 및 식료품 목록이 있어 구입할 식품이나 일용품의 재고를 파악할 때는 이 목록을 보고 가지고 있는 항목은 지우고 남은 항목만 구입 목록에 적었다. 이러한 기술도 활동 스케줄을 통해 학습하였다.

표 11-1 | 토니의 주간 및 월간 스케줄 예시

날짜	주간 활동
2009. 5. 23	냉장고 청소하기
2009. 5. 23	부엌 청소하기
	화장실 청소하기
2009. 5. 18	메뉴 정하기
2009. 5. 19	식료품 재고 파악하기
2009. 5. 19	일용품 재고 파악하기
2009. 5. 19	구입 목록 만들기
	구입 계획 세우기. ________가게에서 구입하기
2009. 5. 20	외출 계획 세우기. 2009. 5. 24에 영화 보러 가기
	청소기 돌리고 먼지 떨기
2009. 5. 18/20/22	저녁 식사 준비하기(매주 월요일, 수요일, 금요일)
	침대 시트 벗겨서 세탁하기
2009. 5. 18	체중을 재고 기록하기(월요일). 체중은 80kg.
	우편물 정리하기
2009. 5. 17/19/21	실내용 자전거 타기(주3회)
날짜	**월간 활동**
2009. 5. 18	미용실 예약하기
	재킷 세탁하기
	오븐 청소하기
2009. 5. 23	25일까지 휴대전화 사용료 내기(납입기한 : 1일)
	5일까지 월세 내기(납입기한 : 10일)
	7일까지 전화요금 내기(납입기한 : 12일)
	10일까지 케이블 TV 사용료 내기(납입기한 : 15일)

토니는 정원을 유지 및 보수하는 일을 하고 있기 때문에 정기적으로 재킷을 세탁한다. 읽기와 쓰기를 좋아하지 않기 때문에 지폐로 지불하는 것은 토니에게 어려운 일이다. 그렇기 때문에 한 번에 한 장의 지폐

그림 11-1
(좌) 토니는 휴일에 손님과 점심식사를 하기 위해 식탁을 차리고, 준비를 한다.
(우) 손님을 맞이하고 아파트 안으로 불러들인다.

로 지불하지만 시간을 어기지 않고 지불한다. 토니의 식사 준비와 가사 활동 스케줄은 룸메이트와의 가사분담을 동등하게 한다.

또한 토니는 손님 초대하기 활동 스케줄을 가지고 있다. 활동 스케줄 처음에는 손님 초대하기와 관련된 항목이 있으며, 간식 또는 식사 준비하기, 손님 맞이하기(문 앞의 사람이 아는 사람인지 낯선 사람인지 확인하는 것 포함), 음식 대접하기, 대화를 시작하고 이어 가기, 배웅하기가 있다. 현재 이 활동 스케줄은 스케줄을 상기시켜 주는 짧은 목록표로 바뀌었다.

케이트

케이트(27세)는 맥 컴퓨터의 iCal 프로그램을 사용하여 주간, 월간, 연간 과제 및 행사를 관리하고 있다(같은 프로그램으로 아웃룩이 있다). 케이트는 글자 활동 스케줄을 통해 iCal의 사용법을 학습하였으며 일일 활동 스케줄이 인쇄물이나 컴퓨터 화면으로 달력을 확인하도록 상기시킨다. 달력에 있는 연간 알림 표시는 신체검사, 치과검진, 안과검진 일정을 나타냈다. 약속이 잡히면 날짜와 시간을 달력에 입력하였고, 축하카드나 선물을 보내기 위해 가족 구성원 생일도 달력에 입력하였다. 친구로부터의 초대장, 부모님 댁 방문하기 등 다른 특별한 일들도 달력에 표시되어 있다. 또한 달력에 적혀 있는 내용은 종종 대화의 주제가 되기도 하여 케이트는 다음 번 가족 방문이나 휴가 계획, 크리스마스 선물 목록에 대하여 이야기를 나누며 즐거워한다.

케이트는 청소년기에 이메일 사용법을 학습하기 위해 글자 활동 스케줄을 사용하였다(표 11-2 참조). 항상 가지고 다니는 활동 스케줄을 통해 간단한 내용의 메일 작성하기를 배울 수 있었다. 즉 활동 스케줄의 각 항목은 인사말 쓰기, 시작하는 말 또는 질문 작성하기, 자신의 활동에 대해 한 가지 이상의 정보 제공하기, 맺음말 작성하기, 마지막에 이름 쓰기와 같은 일련의 활동의 단서가 되었다. 현재 케이트는 친구 및 가족과의 소통에 도움이 되었던 하위 스케줄을 더 이상 필요로 하지 않는다. 즉 주요 활동 스케줄 단서만으로 이메일을 작성할 수 있게 되었다. 케이트는 고모와 삼촌, 대학 진학으로 멀리 가 있는 형제자매, 친구들과 편지를 주고받고 있다. 활동 스케줄을 통해 케이트는 살아가는 데 필요한 상호작용을 할 수 있게 되었다.

직장에서의 활동 스케줄

동기유발 시스템

청년에게 직업세계를 준비시킨다는 것에는 여러 가지 의미가 포함되어 있다. 그중 하나로 돈의 가치를 가르치는 것을 들 수 있다. 동전과 지폐를 사용할 수 있는 토큰 시스템은 돈의 가치를 가르치는 데 도움이 된다. 우리가 월급을 기다리는 것은 월급으로 식료품, 주택, 옷, 휴가와 같은 가치 있는 상품을 살 수 있기 때문이다. 이와 마찬가지로 동전은 좋아하는 음식 및 활동과 교환할 수 있기 때문에 자폐성 청년이 동전을 클립보드에 붙이는 것은 가치를 얻는 것이라 할 수 있다. 그리고 청년이 동전을 셀 수 있게 되면, 동전은 가치가 있는 보상을 구입하는 데 사용되는 지폐와 교환한다. 이 절차는 돈의 가치를 알려 주고 돈을 벌고 싶게 만들 뿐만 아니라 강화물이 지연되었을 때에도 계속해서 참여하도록 하게 한다.

대부분의 고용 환경에서 금전적 보상(월급)은 근무를 일정 기간 해야 지급된다. 하지만 대부분의 자폐성 성인은 이러한 지연된 보상을 보완

표 11-2 | 케이트의 이메일 사용하기 스케줄

_____ 1. Safari를 클릭한다.
_____ 2. www.comcast.net으로 들어간다.
_____ 3. 사용자 이름을 클릭한다.
_____ 4. kate_5732를 입력한다.
_____ 5. 비밀번호를 입력한다.
_____ 6. September라고 입력한다.
_____ 7. 로그인을 클릭한다.
_____ 8. 메일을 클릭한다.
_____ 9. 수신메일함을 클릭한다.
_____ 10. 발신자 이름을 클릭한다.
_____ 11. 메일을 읽는다.
_____ 12. 답장쓰기를 클릭한다.
_____ 13. 답장을 쓴다.
_____ 14. 철자를 확인한다.
_____ 15. 보내기를 클릭한다.
_____ 16. 로그아웃한다.
_____ 17. Safari를 닫는다.

하는 중간 보상이 필요하다. 이러한 보상은 가능한 한 눈에 잘 띄지 않아야 한다. 동전을 토큰으로 계속 사용해야 하는 사람은 동전을 사진 활동 스케줄의 매 페이지에 붙여 두고 사진에 있는 과제가 끝난 후에 스케줄 표지 안쪽으로 옮긴다. 물론 과제를 완수하지 않거나 제대로 완수하지 않고 마음대로 동전을 가져가면, 부모나 교사는 토큰을 원래 자리로 되돌려 놓아야 한다.

일정한 개수의 동전을 왼쪽 주머니에 가지고 다니면서 각 과제를 완수한 다음 왼쪽 주머니에서 오른쪽 주머니로 옮기는 방법을 사용하는 자폐성 성인도 있다. 전부 오른쪽 주머니로 동전을 옮기면 보상과 교환한다. 손목에 착용하는 계수기(wrist counter)를 사용하는 자폐성 성인도 있다. 과제가 끝날 때마다 숫자가 올라가고, 계수기가 정해진 숫자에 도달하면 보상과 교환한다. 또한 다른 자폐성 성인은 집계 숫자(tally number)가 적힌 색인카드를 주머니에 넣고 있다가, 지정된 총점수에 도달한 후에 '점수'와 보상을 교환한다.

이러한 전략은 보상을 받기에 앞서 긴 지연을 인내하게 하며, 지역사회의 직장에서 그들의 능력을 저하시키지 않는 강화체계를 눈에 띄지 않게 사용할 수 있게 해 준다.

직장에서의 선택

우리가 그렇듯 자폐성 청년 근로자 또한 작업 환경과 일일 작업 목표를 선택할 기회를 가져야 한다. 이러한 점에서 활동 스케줄은 유용하다(McClannahan, MacDuff, & Krantz, 2002).

줄리오

고등학생인 줄리오(Julio)는 글자 활동 스케줄을 사용하는 법을 학습하였다. 글자 활동 스케줄은 워드 프로세서를 사용하여 자료 입력하기, 문서 정리하기, 화단의 잡초 뽑기, 테라스 및 도보 쓸기와 같은 업무의 단서가 되었다. 이후 줄리오는 해야 할 업무를 선택할 기회를 얻었다. 줄리오의 타자 기술은 탁월했고, 문서 정리할 때 거의 오류가 없었지만, 컴퓨터를 이용한 업무보다 상당히 오래 걸리는 업무임에도 계속해서 육체노동이 있는 야외업무를 선택했다. 줄리오의 의사소통 기술은 관심이 있는 업무를 표현하는 데 어려움이 있었지만, 선택한 업무를 보고 업무 선호도를 명확하게 알 수 있었다. 수년 전부터 줄리오는 지역 유기농 농장에서 일을 하고 있으며, 본인도 그 업무를 좋아하였다.

해리

호텔의 객실청소 매니저로 일하고 있는 해리(Harry)는 사진 활동 스케줄을 사용하고 있다. 아이팟 터치에 사진 앨범 기능을 사용하여 호텔 객실의 청소와 관련된 많은 사진을 넣어 놓았다. 해리의 직업 코치는 사진을 찍어서 아이팟 터치에 넣기 전에 스스로 그 일을 직접 해 보았다. 그러고 나서 신체적 안내와 촉진용암 절차를 사용하여 객실 청소 관련 기술을 가르쳤다. 해리는 활동 스케줄을 사용한 경험이 있었기 때문에 과제 수행 기준을 빠르게 달성하였다. 객실 청소 후에 그는 각각의 사진을 다시 한 번 보고 작업을 확인한 다음 마지막 동전을 왼쪽 주머니에서 오른쪽 주머니로 옮긴다. 그리고 다음 객실을 청소하러 가기 전, 그는 아이팟 터치에 있는 비디오 게임을 선택하여 잠시 게임을 한다. 현대의 많은 휴대용 컴퓨터는 여러 개의 사진 활동 스케줄뿐만 아니라 여가시간을 보낼 여러 종류의 어플리케이션을 제공한다.

업무 스케줄과 쉬는 시간

크리스(Chris)는 휴대용 컴퓨터를 사용하여 글자 활동 스케줄을 확인하고 주요 활동 스케줄에서 하위 활동 스케줄까지 찾을 수 있다. 또한 디지털 계수기(digital check register) 역할을 하는 어플리케이션을 사용하고, 약속시간 또는 휴식시간을 알리는 여러 개의 시계 알람 기능 사용법을 학습하고 있다.

많은 자폐성 근로자에게 휴식 취하기는 반드시 학습해야 하는 중요한 기술이다. 이들이 능숙하게 활동 스케줄을 사용한다 하더라도, 급식실 또는 구내식당에 조용히 앉아 있거나 동료와 이야기하는 것은 어려울 수 있다. 이러한 부족한 기술에 대처하기 위해 사진 또는 글자 활동 스케줄을 사용할 수 있다. 예를 들어, 조지(George)의 대화 기술은 제한적이기 때문에 빈 탁자에서 휴식을 취하는 것을 학습하였다. 글자 활동 스케줄에는 다음과 같은 과제가 포함되었다. 잡지를 든다, 다이어트 소다를 집어 든다, 구내식당으로 간다, "안녕." 또는 "안녕하세요."라고 사람들에게 인사한다, 테이블에 앉는다, 손목시계 타이머를 10분에 맞춘다, 잡지를 읽는다, 타이머가 울리면 다시 업무로 돌아간다. 직업 코치는 살며시 조지를 관찰하고 휴식시간에 상동행동 또는 부적절한 행동을 하지 않았을 때 미리 선택한 과자를 건네주었다. 그러나 문제 행동이 관찰되었을 경우, 재빨리 구내식당에 있는 조지 곁으로 가서, "쉬는 시간이 끝났구나. 일하러 가자."라고 조용히 말했다. 조지는 구내식당에서의

그림 11-2
워드 프로세서 업무를 완료한 후, 크리스는 아이팟 터치로 활동 스케줄을 확인한다.

휴식 스케줄을 빠르게 습득하였고 매우 능숙하게 했다.

아리(Ari)와 제인(Jane)은 같은 회사에서 근무를 하고, 사원 식당에서 함께 점심을 먹는다. 예전에는 직업 코치가 작성해 준 대화 주제 목록표를 보고 대화를 나눴다. 지금은 사회적 상호작용의 단서로 휴대전화 노트 어플리케이션에 대화 주제의 목록을 넣어서 대화를 하고 있다. 제인과 아리가 가끔 휴대전화를 힐끗 보는 모습은 식당에 있는 다른 젊은이들과 다를 바 없었다.

직장에서의 문제 해결

자폐성 성인의 경우, 대개는 업무에 대한 책임완수에 있어서 뛰어난 기술을 보이지만, 뜻밖의 문제가 발생할 경우 교착상태에 빠지게 된다. 자폐성 근로자가 예기치 않은 일을 당했을 때, 문제 해결 스케줄은 선택지를 제공한다.

찰스(Charles)는 투자회사에서 문서 정리원으로 일하고 있다. 상사에게 문서를 가져가고, 원래 위치에 되돌려 놓는다. 고용된 지 얼마 안 되었지만 거의 실수를 하지 않는다. 하지만 가끔 해결할 수 없는 문제와 맞닥뜨리곤 했다. 예를 들면, 상사가 가져다 달라고 한 문서가 없거나 문서함에 있는 서류가 찾는 서류가 아닐 경우가 있었다.

이러한 문제는 활동 스케줄에 의해 해결된다. 찰스의 업무 노트는 글자 활동 스케줄을 활용하여 몇 개의 부문으로 나뉘어 있다. 스케줄에는 휴식, 식당에서의 점심 식사, 문제 해결과 관련된 여러 부문이 있었다. 예를 들어 노트의 한 부문에는 "서류를 찾을 수 없음"이라는 라벨이 붙어 있다. 이 부문에는 다음과 같은 내용이 포함되어 있다. 다시 한 번 문서 찾아보기, 상사에게 "누군가 서류를 사용하고 있나요?"라고 묻기, 상사가 "예" 또는 "아니요"("예" 또는 "아니요"에 동그라미 표시하기)라고 말했다, 만약 "예"에 동그라미 표시를 했으면 계속해서 문서를 정리한다. 만약 "아니요"에 동그라미 표시를 했으면 직업 코치를 부른다.

다수의 청년 근로자들은 문제 해결 활동 스케줄을 사용하여 유용한 직업 기술을 배우고 자립을 향해 나아갈 수 있게 된다. 빅터(Victor)는 직장상사가 영어를 유창하게 하지 못했기 때문에, 업무지시를 받았을 때 가끔씩 이해하지 못하곤 했다. 이런 경우에 글자 활동 스케줄은 빅터가 지시를 명확하게 이해하기 위해 다시 질문하게 한다. 그래도 여전히 이해하지 못했을 경우, 빅터의 활동 스케줄에는 직업 코치에게 연락하여 상사가 무슨 말을 했는지 대신 물어보도록 부탁한다는 지시가 적혀 있다. 적절한 정보를 얻은 후에 직업 코치는 상사에게 감사인사를 하고, 빅터에게 업무지시를 한다.

대부분의 숙련된 자폐성 근로자들도 때때로 고용유지가 어려울 정도의 문제 행동을 보이기도 한다. 하지만 문제 해결 활동 스케줄을 통해 실직을 예방할 수 있다. 예를 들면, 안젤라(Angela)는 어렸을 적부터 짜증을 부렸었지만, 효과적인 중재를 통해 짜증의 빈도가 감소했다. 하지만 자료 입력 업무에 고용된 후 실망감을 느낄 때, 예를 들면, 휴식시간이

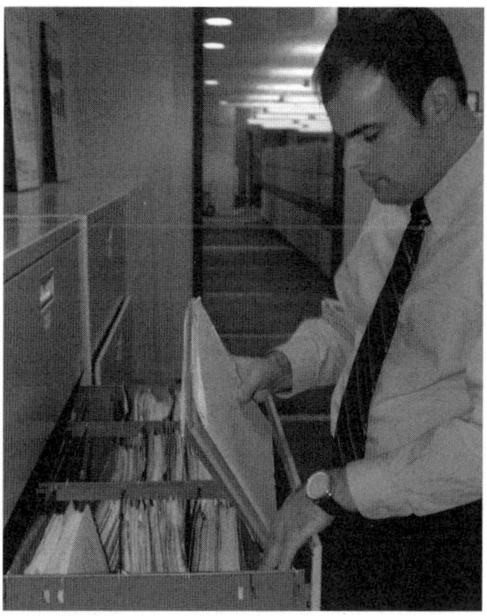

그림 11-3
서류를 찾을 수 없을 때, 찰스는 문제 해결 활동 스케줄을 사용한다.

미뤄졌을 경우, 상사가 갑자기 지적할 경우, 점심 식사를 잊었을 경우에 울거나 지나치게 큰 소리를 내는 일이 있었다. 직업 코치는 안젤라의 문제 해결을 위해 활동 스케줄을 사용하도록 도왔으며, 아무도 없는 곳에서 실망감을 말로 표현하도록 하였다. 그녀의 활동 스케줄에는 책상에서 일어나, 여자화장실로 가서, 의자에 앉아, 타이머를 맞춰 놓고, 진정될 때까지 타이머를 맞춰 놓고, 기분이 가라앉으면 자리로 돌아간다고 적혀 있었다. 활동 스케줄로 인해 그녀는 고용을 유지할 수 있었으며, 그녀의 뛰어난 자료 입력 기술은 회사에서 인정받았다.

활동 스케줄은 자폐성 성인이 고용을 유지하고 지역사회 직장에서 성공할 수 있게 하였다. 보다 중증의 발달장애 노동자의 경우, 항상 감독해야 할지 모르지만, 격일 또는 일주일에 두 번 방문하는 직업 코치와 함께 많은 자폐성 성인이 노동직과 사무직에서 복잡한 업무를 해 나가고 있다.

지역사회에서의 활동 스케줄

활동 스케줄은 자폐성 청소년과 성인의 지역사회 통합을 촉진하는 데 매우 유용하다(Rehfeldt, 2002). 예를 들어, 사진 또는 글자 활동 스케줄은 많은 자폐성 성인이 휴대전화 사용을 학습하는 데 도움이 되었으며, 지역사회 환경에 있을 때 추가적인 안전대책을 제공하였다. 만약 차에 문제가 생겨 통근차량이 늦어진다면, 직업 코치는 자폐성 근로자에게 전화를 걸어 활동 스케줄이 변경되었음을 설명하고, 차가 도착할 때까지 적절한 장소에서 기다리라고 할 수 있다. 만약 직장에서 아플 경우,

집까지 태워 줄 수 있는 누군가에게 전화할 수도 있다. 휴대전화는 기차나 버스를 잘못 타거나 놓쳤을 때, 낯선 사람이 접근할 때에도 유용하다. 자폐성 장애인에게 휴대전화 사용법을 가르치면 안전보장에 도움이 된다.

많은 어린이와 청소년이 물건 구매 학습을 위해 활동 스케줄을 사용한다(표 11-3 참조). 그리고 이 활동 스케줄은 나중에 식료품 및 옷 사기로 확장될 수 있다. 활동 스케줄은 식당에서 주문하는 법을 가르칠 때에도 유용하다. 대개는 처음에 선택지가 적고 팁이 필요하지 않은 즉석식품 가게에서 주문하는 것을 학습한 다음 메뉴가 많은 식당에서 학습한다. 잘 짜인 활동 스케줄은 주문하는 방법과 계산서를 요구하고 지불하

표 11-3 ｜ 물건 구입하기를 위한 글자 활동 스케줄

_____ 1. 지갑을 꺼낸다.
_____ 2. 지갑에 있는 돈을 확인한다.
_____ 3. " ____을/를 사고 싶어요. 이 돈이면 충분한가요?"라고 누군가에게 묻는다.
_____ 4. 지갑을 주머니나 가방에 넣는다.
_____ 5. 가게로 가서 물건을 고른다.
_____ 6. 계산대를 찾는다.
_____ 7. 줄을 선다.
_____ 8. 계산대에 물건을 놓는다.
_____ 9. 지갑을 꺼낸다.
_____ 10. 계산원에게 돈을 건넨다.
_____ 11. 거스름돈을 기다린다.
_____ 12. 거스름돈을 받는다.
_____ 13. 주머니, 지갑 또는 가방에 거스름돈을 넣는다.
_____ 14. "고맙습니다."라고 말한다.
_____ 15. 물건을 집어 들고 가게에서 나온다.

는 법을 가르칠 뿐만 아니라 예의 있게 "부탁합니다.", "고맙습니다."라고 말하고, 음식이 나올 때까지 기다리는 법도 가르친다.

현금 자동 입출금기(ATM) 사용법도 활동 스케줄을 통해 학습한다. 그리고 우리는 젊은 근로자들이 월급을 소중하게 생각하기를 바라기 때문에, 월급을 예금하고, ATM에서 일부 현금을 찾은 후에 지역사회를 이용한 여가활동(예 : 영화 보기, 스포츠 경기 보기, 놀이공원 가기)을 계획하도록 돕는다.

활동 스케줄은 자판기 사용하기, 팁 계산하기, 통장정리하기, 여행 짐 싸기, 자동세탁건조기 사용하기를 가르치는 데도 도움이 된다(MaClannahan, MacDuff, & Krantz, 2009).

활동 스케줄과 과제 분석

과제 분석은 어떤 기술을 올바르게 수행하기 위해 필요한 구체적인 반응이나 단계로 분해하는 것을 의미한다(Reid & Green, 2005). 활동 스케줄은 과제 분석을 기반으로 한다. 좋은 과제 분석은 좋은 활동 스케줄로 이어진다.

호텔 객실 청소하기와 같은 과제 분석은 길지만, 매우 짧은 과제도 있다. 예를 들어, 우편물 받기 과제 분석은 다섯 단계밖에 되지 않는다.

1. 우편함에 가기
2. 우편함에 있는 모든 우편물을 꺼내기
3. 집으로 우편물 가져오기

4. 거실 책상에 우편물을 놓기
5. 가족에게 "우편물 가져왔어요."라고 말하기

이 과제 분석은 사진 또는 글자 활동 스케줄을 작성하기 위해 사용되었다. 사진 활동 스케줄을 구성하려 한다면, 학습자가 우편함으로 가는 사진, 우편함에서 우편물을 꺼내는 사진, 집으로 우편물을 가져오는 사진, 거실 책상에 우편물을 놓아두는 사진, 그리고 가족과 상호작용하는 사진을 찍을 수 있다.

개인 능력에 맞추어 활동 스케줄을 구성하기 위해 과제 분석을 사용해야 한다. 어떤 사람은 집으로 돌아오는 사진 또는 "집으로 우편물 가져오기"라는 글자 단서가 필요하지 않을 수도 있다. 하지만 이 단서가 없으면 활동 스케줄을 사용할 수 없는 사람도 있다. 브라우니 조리법에 단계를 추가로 만들어야 하는 사람이 있을지도 모른다(흰색 계량컵을 꺼낸다, 우유를 꺼낸다, 흰색 컵에 우유를 붓는다, 우유를 그릇에 담는다). 하지만 기존 조리법(우유 한 컵을 넣는다)만으로 충분히 만들 수 있는 사람도 있다.

일부 구성요소들은 과제 분석 사진으로 나타내기 어렵다. 어금니의 칫솔질을 더 잘할 수 있게 하기 위해 양치질하기 과제 분석을 할 수 있다. 하지만 바람직한 반응이 나타난 사진을 찍는 것은 사실상 불가능하다. 게다가 사진 활동 스케줄을 사용하는 사람이 오른쪽과 왼쪽, 위와 아래와 같은 개념을 이해하지 못하는 경우가 있다. 다행스럽게도 대부분의 경우, 신체적 안내와 촉진용암 절차를 통해 새로운 사진 또는 글자에 올바르게 반응하도록 가르칠 수 있다.

활동 스케줄 사용에 있어서 과제 분석은 오류를 방지할 수도 있고 오류를 범하게 할 수도 있다. 케이트의 이메일 활동 스케줄(표 11-2 참조)에서 일부 중요한 구성요소가 생략되면, 친구 및 가족 구성원과 계속된 서신교환을 할 수 없게 된다. 활동 스케줄에 불필요한 구성요소를 추가하게 되면, 그들은 이미 습득한 것이기 때문에 해당 단계를 생략하게 되고, 그렇게 되면 활동 스케줄에 따르지 않아도 된다는 것을 가르치는 게 되어 버린다. 반면에 아직 습득하지 않은 단계를 생략하게 되면 오류를 초래하게 된다.

이러한 이유 때문에 과제 분석을 한다면 부모, 지도자, 직업 코치가 목표기술을 구성하는 각각의 행동을 실제로 해 보고, 기록하는 것이 도움이 된다. 예를 들면, 활동 스케줄을 작성하기 전에, 엄마는 실제로 미트로프를 만들어 보고, 아들이 미트로프를 만들기 위해 필요하다고 생각하는 모든 단계를 기록해야 한다. 직업 코치는 호텔의 객실과 화장실을 청소하고, 필요한 단계를 기록한 다음에야, 자폐가 있는 청소 근로자를 위해 과제 분석을 해야 한다. 아빠는 활동 스케줄을 작성하기 전에, 당구 치기 또는 퍼팅그린 사용하기에 대한 과제 분석을 해야 한다. 그리고 교사는 운동장비 사용하기, 손톱 깎기, 약 복용하기, 모스크, 사찰, 또는 교회 참석하기를 가르치기 전에 목표과제를 실제로 해 보고, 기록하여 활동 스케줄을 개별화해야 한다.

과제 분석을 하여 활동 스케줄을 개별화할 때, 우리는 지도 후에 많은 성인이 스케줄을 참고하지 않고도 구성요소에 맞게 행동할 수 있기를 기대한다. 이것은 그들이 과제를 습득했다는 신호이다. 하지만 우리는 자폐성 성인이 활동 스케줄을 사용할 필요가 없다고 느끼지 않도록 하기 위해 활동 스케줄을 수정하고, 필요 없는 사진 또는 글자 단서를 삭

제해 간다. 우리가 훌륭한 관찰자의 역할을 수행하여 필요하지 않은 사진 또는 글자를 지워 나간다면, 다수의 활동 스케줄은 최종적으로 "업무 준비", "저녁 식사 준비", 또는 "이메일"과 같이 몇 개의 글자로 줄어들 것이다.

12

활동 스케줄 : 목표 달성을 위한 플랫폼

만약 활동 스케줄을 독립된 활동, 몇 안 되는 장소나 제한된 기간에만 사용한다면 효과적이지 않다. 활동 스케줄을 매일 하루 종일 사용한다면 자폐성 장애인 삶을 체계화하는 틀(framework)을 제공할 수 있다. 활동 스케줄을 통해 꾸준히 참여하기, 업무 완수하기, 올바른 선택 하기, 차례로 활동하기, 감독 없이 많은 업무 하기와 같이 살아가는 데 중요한 양식을 가르칠 수 있다. 활동 스케줄은 고정적인 것이 아닌 유동적인 것이어야 하며, 형식과 특수성을 변화시키면서 학습자와 함께 발전시켜야 한다.

활동 스케줄은 참여를 증가시킨다

미국 및 다른 국가에서 우리가 개발을 지원해 온 중재 프로그램에서는 모든 자폐성 아동 및 성인이 활동 스케줄을 사용하고 있으며, 활동 참여율이 매우 높게 나타났다. 전체 7개의 중재 프로그램 중에 자폐성 아동의 과제 수행 또는 활동 스케줄에 있는 활동 참여율은 평균적으로 80~100%로 관찰되었다. 이러한 참여율은 공립학교의 학급과 어린이집에서 일반 아동보다 높게 나타났다. 많은 연구에서 활동 스케줄에 의해 과제수행 행동이 증가하는 것이 보고되고 있다(Anderson, Sherman, Sheldon, & McAdam, 1997; Bryan & Gast, 2000; Krantz, MacDuff, & McClannahan, 1993; MacDuff, Krantz, & McClannahan, 1993; Watanabe & Sturmey, 2003 참조).

활동 스케줄은 문제 행동을 감소시킨다

우리는 하루의 일정을 알고 싶어 하고 어떤 모임이나 약속이 예정되어 있는지, 마감시간에는 맞출 수 있는지, 가족들이 저녁 식사를 집에서 할지 여부를 알기 원한다. 자폐성 아동들도 마찬가지다. 아동들의 활동 스케줄에 하루 일과를 표시해 생활을 좀 더 예측할 수 있게 되었을 때 방해 행동은 감소되었다. 예를 들면, 야외활동을 하기 전에 짜증을 부리던 마일즈(Miles)는 부모가 사진 활동 스케줄을 통해 자전거 타기 또는 자동차 타기와 같은 활동의 특징을 제시하자 짜증이 멈췄다(Krantz, MacDuff, & McClannahan, 1993).

아동들은 쉬는 시간을 보내는 데 필요한 기술을 아직 습득하지 않았기 때문에 때때로 방해 행동을 일으킨다. 세 명의 학령기 자폐성 아동이 놀이활동 스케줄 사용을 학습한 후, 쉬는 시간에 문제 행동이 감소했다는 연구 보고가 있다(Machalicek, Shogren, Lang, Rispoli, O'Reilly, Franco, & Sigafoos, 2009).

자폐성 장애 유무와 관계없이 아동들은 깨어 있는 동안 '아무것도 하지 않으며' 시간을 보내는 것은 아니다. 아동들은 바쁘다. 우리가 가르친 기술을 사용하여 지시에 반응하고 이에 더해 기술을 발달시킨다. 하지만 명확하지 않은 상황에서는 바람직하지 않은 행동을 보인다. 구조화되지 않은 시간(아무것도 할 것이 없는 시간)을 보내는 방법을 아직 학습하지 않은 아동들은 형제자매를 때릴지도 모른다. 부모가 친구와 시간을 보낼 때, 반복해서 주의를 끌려고 할지도 모른다. 또는 TV를 그만 보라고 말했을 때, 짜증을 부릴지도 모른다. 구조화되지 않은 상황에서는 자폐성 아동 또한 어려움을 느껴 자신도 원하지 않는 상동행동이나 자해 행동을 할 수도 있다. 활동 스케줄을 사용하는 방법을 학습하는 것은 시간을 구조화하고, 아동이 목표(예정)를 알게 하는 데 도움이 된다. 게다가 교수절차(특히 신체적 안내)는 점점 더 습관화되고 정교화되어 문제 행동을 방지하거나 줄일 수 있다.

활동 스케줄은 아동이 학습하도록 돕는다

자폐성 아동은 비연속개별시도 교수, 우발교수, TV, 컴퓨터, 비디오 모델링, 부모, 교사, 또래, 그림 · 소리 및 글자 단서 등의 다양한 방법과 다양한 사람으로부터 배워야 한다(Krantz, 2000). 활동 스케줄은 유아가 새로운 기술을 습득하는 데 도움이 되는 여러 증거 기반의 절차가 있는 틀을 부모와 교사에게 제공한다. 예를 들면, 유아의 활동 스케줄에 비연속개별시도 교수를 넣어 글자 모방 학습에 사용할 수 있다. 활동 스케줄에는 아동과 교사가 작은 책상을 사이에 두고 마주 보고 앉아 있는 사진이 있고, "말하기"라는 단어가 재생되는 버튼형 음성 녹음기가 붙어 있다. 아동은 활동 스케줄에서 사진과 음성 녹음기를 떼고, 교사에게 다가가, 버튼을 눌러 메시지를 재생시키고, "말하기"라는 단어를 모방한다. 교사는 "너와 이야기할 수 있어서 즐거웠어."라고 말하고 아동에게 토큰을 준다. 이러한 방법으로 언어모방 회기를 실시한다.

이와 유사하게 교사는 아동에게 도움 요청하기를 학습시키기 위해 활동 스케줄에 우발교수를 포함시킬지도 모른다. 첫 수업에서는 아동이 가장 좋아하는 과자(젤리곰과 비스킷)를 뚜껑이 달린 투명한 용기에 넣어 둔다. 그리고 사진을 찍어서 활동 스케줄에 포함시킨다. 아동은 페이지를 넘겨 사진을 보고는 선반에서 용기를 꺼내서 가져왔지만, 열지 못했다. 교사는 아동에게 다가가 "'도와주세요.'라고 말하렴."이라고 말한다. 교사는 학생이 올바르게 반응했는지 확인하고("잘했어, '도와주세요.' 라고 말했구나."), 뚜껑을 열어 좋아하는 과자를 꺼낼 수 있도록 한다.

또 다른 예로 부족한 놀이기술을 가진 아동이 활동 스케줄 책장을 넘겨서, 인형 옷, 장난감 다리미, 다리미판의 사진을 손가락으로 가리킨다. 아동은 음성 녹음기를 떼서 교사에게 다가가 버튼을 누르고, 지금 떼어낸 "다리미질 시간이에요."라는 문장을 모방하여 말한다. 교사는 "인형 옷을 다리미질해도 돼."라고 말하고, TV와 DVD 플레이어, 장난감 다리미와 다리미판이 있는 놀이 공간으로 데려간다. 교사는 장난감을 가지고 노는 장면을 비디오로 재생하고, 아동은 운동 및 언어 모델을 모방한다. 아동은 다리미질을 하는 척하고, "다리미가 뜨거워요.", "이 드레스 예뻐요."와 같은 문장을 모방한다.

다양한 교육 목표를 다루는 훌륭한 중재 절차는 많이 있으며, 활동 스케줄에는 이 모든 것을 사용할 수 있다.

활동 스케줄은 자립을 촉진한다

능숙하게 활동 스케줄을 사용하는 아동은, 자신이 무엇을 해야 하는지 성인이 말해 줄 때까지 기다리지 않는다. 아동은 다음 활동을 확인하고, 그때가 되면 먼저 "글자 공부 시간이에요.", "내 숙제를 확인해 주실래요?" 또는 "농구할래?"와 같은 말을 부모, 교사, 또래에게 다가가 말한다. 아동은 지시 없이도 필요한 도구를 가져오고, 활동을 마치고, 사용한 물건을 치운다. 촉진용암 절차가 정확하고 체계적으로 사용되고 있다면, 곁에서 지켜보지 않아도 습득한 과제를 완수할 수 있을 것이다. 아래에는 자폐성 아동이 활동 스케줄을 사용하여 자립 행동이 증가한 몇 가지 예가 있다.

8살 아동이 활동 스케줄 책장을 넘기고, 교실에 있는 컴퓨터 사진을 찾는다. 아동은 컴퓨터로 가서, 타자 학습 프로그램을 연 뒤, 자신의 자료 파일을 열고, 키보드 기술을 연습하여, 과제를 끝내고, 끝낸 과제를 저장하고, 활동 스케줄로 돌아온다. 신체적 안내와 촉진용암 절차는 아동이 도움 없이 일련의 행동을 할 수 있도록 도왔다.

12살 아동은 글자 활동 스케줄을 사용하고 있으며, 완수한 활동 옆에 체크 표시를 한다. 활동 스케줄의 다음 항목은 카드게임 우노(UNO)이다. 그녀는 카드를 들고, TV를 보고 있는 남동생이 있는 거실로 가서, "우노 게임 하자."라고 말을 건다. 부엌에서 보고 있던 엄마는 "카드 게임 하면서 팝콘 먹을래?"라고 물어본다.

한 청소년의 방과 후 활동 스케줄에는 "쓰레기통 비우기"와 같은 글자가 포함되어 있다. 쓰레기통을 비울 때 실수로 쓰레기통을 뒤엎어 내용물을 쏟아 버렸다. 그는 바닥에 떨어진 내용물을 하나씩 전부 줍고 난 후, 계속해서 나머지 활동을 이어 갔다.

활동 스케줄은 기술의 일반화를 돕는다

신체적 안내와 최대–최소 촉진용암 절차에 의해 활동 스케줄을 학습하였을 경우, 사진과 글자 단서는 일반화를 촉진한다는 일련의 증거가 있다. 즉 활동 스케줄 사용기술이 순서가 다른 사진과 새로운 사진에도 전이될 수 있는 것이다. 이것은 사람과 환경(예 : 학교에서 집으로) 간에도 일반화하며, 과제 간에도 일반화한다.

6개월 동안 우리는 12~17살의 자폐성 학생 8명을 대상으로, 기술의 일반화를 측정하였다. 표준화 검사에서 학생의 장애 정도는 중도에서 중등도까지 다양했으며, 모두 활동 스케줄을 사용한 경험이 있었다. 연구기간 동안 각 아동에게 새로운 교수 프로그램이 실시되었으며, 첫 번째는 활동 스케줄 없이, 두 번째는 활동 스케줄을 사용하여 두 가지 사전검사를 실시하였다. 사전검사에서 교사는 처음에 한 가지 지시를 하였다(예를 들면, "감자참치 샐러드 만들어 주세요." 또는 "거울과 싱크대를 청소해 주세요."). 그리고 아무런 촉진도 하지 않았다. 32개의 새로운 프로그램 중 30개에서 활동 스케줄이 없을 때보다 활동 스케줄이 제시되었을 때 학생들은 보다 높은 득점을 보였으며, 3%에서 75% 이상의 다양한 범위로 과제를 정확하게 완수하였다. 이 연구에서는 활동 스케줄에 따르는 기술을 음식 준비, 가사활동, 그리고 개인 위생 활동과 같은 지금까지 학습한 적이 없는 활동에도 일반화하였으며, 기술의 일반화는 중등도 장애뿐만 아니라 중증 장애 학생에게서도 관찰되었다(McClannahan, MacDuff, & Krantz, 2009). 기술의 일반화는 빠르게 습득할 수 있도록 촉진하고, 다음 과제의 달성을 위한 새로운 길을 열어 준다.

아동은 활동 스케줄을 통해 단서 사용을 배운다

우리는 자폐성 유아, 학령기 아동, 성인을 대상으로 20년 이상 활동 스케줄 사용을 지원해 왔다. 그리고 활동 스케줄 사용기술을 습득하기까지의 시간이 다른 사람들보다 좀 더 걸렸을지는 모르나, 활동 스케줄의 사용기술을 습득하지 못한 사람은 아직까지 만나 보지 못했다. 읽기기술이 발달하지 않아 성인이 되어서도 계속 사진 활동 스케줄을 사용하고 있는 학습자도 있고, 최종적으로 우리와 같은 일정을 사용하는 학습자도 있다. 이러한 모든 것은 활동 스케줄을 사용하여 얻을 수 있었던 것이다.

활동 스케줄이 오랫동안 동일하다면 진전이 거의 없을 것이다. 새로운 기술을 습득하면서 활동 스케줄을 조정하고 개선한다면 보다 많은 진전이 있을 것이다. 되도록 빨리 유아의 활동 스케줄에 있는 4~5장의 사진을 재배열하고, 이후에 다른 사진을 추가한다. 활동 스케줄의 활동 수는 늘어나야 하며, 선택판도 도입되어야 한다. 활동 스케줄을 사용하는 동안 사용한 감각 보상은 서서히 토큰 보상으로 대체되어야 한다.

읽기기술을 가진 아동의 경우, 활동 스케줄에 추가하기 전에 몇몇 단어는 비연속개별시도로 따로 가르쳐야 할지라도, 해야 할 일 목록으로 전환해야 한다. 다음으로, 해야 할 일 목록을 계획표 또는 일과표에 적게 하고, 아동이 자신의 활동을 순서대로 시작하게 해야 한다. 활동 스케줄은 체계적으로 확대되어야 한다. 그렇게 되면 아동은 학교, 가정, 그리고 지역사회에서 점점 더 많은 시간을 보내게 될 것이다. 이전에 사진과 글자로 나타냈었던 습득한 과제는 한 장의 사진 또는 최소한의 글자(예를 들면, 아침 식사 그림 또는 "내 방 정리하기"와 같은 글자)로 대체되어야 한다. 많은 사람들이 사용하는 다이어리는 사진 또는 글자 단서를 나타낼 수 있는 휴대용 컴퓨터로 대체해 가야 한다. 주변을 둘러보면 많은 사람들이 PDA와 휴대전화를 사용하고 있다. 손에 들고 다니는 컴퓨터를 사용하는 젊은 자폐성 장애인은 우리와 다를 바 없다(우리처럼 개중에는 소수이지만 계속해서 손으로 쓴 해야 할 일 목록 또는 다이어리를 선호하는 사람들도 있다).

보다 나은 세상에서는 장애인이 언제나 존중받고 우리와 동등한 대우를 받을 것이다. 안타깝게도 오늘날의 장애인은 편견, 차별, 그리고 사회적 비난을 받는다. 모두가 사용하는 것과 유사한 시스템과 단서를 사용하는 것은 그들이 숙련된 근로자이고 지역사회 생활에서 가치 있는 참여자로 보이도록 할 것이다.

13
문제 해결

도입

부모와 교사들은 활동 스케줄의 사용을 학습하는 자폐성 장애인을 지원하면서 몇 가지 어려운 점을 보고하였다. 교수하는 것은 아동에게 무언가를 요구하는 것이고, 그것이 언제나 순조로운 것만은 아니다. 13장에서는 빈번히 제기되는 의문과 관심사를 논의하고, 지도하는 동안 때때로 부딪히는 문제에 대처하는 방법을 제시하고자 한다.

아동이 활동 스케줄을 지루해해요

우리와 마찬가지로 자폐성 장애인도 어려운 과제를 하는 것을 좋아하지 않는다. 그러나 능숙해진 후에는 기술을 사용하고 드러내는 것을 좋아하게 된다. 아동이 즐겁게 장난감 가지고 놀기, 색칠하기, 산수 활동지 풀기, 과자 만들기, 다른 사람과 상호작용 시작하기를 원한다면, 우리는 다양한 연습 기회를 제공해야 한다. 만약 아동이 아직 습득하지 못한 활동에 관심을 나타내지 않는다면, 정확도 기준을 충족시킬 때까지 계속해서 신체적 안내와 촉진용암 절차를 사용한다. 기술을 습득한 후에는 어려움이나 무관심을 보였던 활동을 선택할 수도 있다.

물론 학습에 문제가 있는 경우, 보상을 검토하거나, 새로운 과자, 장난감, 게임으로 바꾸거나 더 이상 흥미를 보이지 않는 사회적 활동을 다른 활동으로 교체할 수 있다. 만약 아동이 특정 과자와 토큰을 교환하고 있었다면, 다른 과자를 시도해 본다. 만약 활동 스케줄에 공중에 띄워 올리기가 포함되어 있었다면, '그네 타기' 또는 '거꾸로 매달리기'와 같은 게임 활동으로 대체하는 것을 고려한다. 6장에서 설명했듯이, 활동 스케줄의 활동 순서를 바꾸거나 새로운 활동을 도입하기까지 너무 오랜 시간이 걸리지 않도록 한다.

활동 스케줄을 사용하면서 아동이 이상한 소리를 내거나 상동행동을 해요

활동 스케줄은 아동이 음성적 또는 운동적 상동행동과 양립할 수 없는 새로운 기술을 습득하는 것을 돕는다. 만약 아동이 콧노래를 부르거나, 구구소리를 내거나, 같은 소리를 반복하거나, 같은 단어 또는 구절을 반복해서 말할 때는 일반 아동도 과제와 놀이활동을 할 때 조용히 하는 일이 좀처럼 없다는 것을 떠올려야 한다. 앞에 서술한 행동을 보이더라도 계속해서 활동 스케줄 사용을 지도하도록 한다. 다만 아동이 반복적인 행동을 보일 때는 과자나 토큰, 다른 특별한 보상을 하지 않도록 각별히 주의해야 한다.

만약 아동이 손을 팔랑거리는 행동, 손가락을 가지고 노는 행동, 손을 계속 쳐다보거나, 흔들거나 하는 상동행동을 하려고 할 때는 이 행동을 방지하기 위해 신체적 안내로 돌아간다. 대체로 이러한 반복적인 운동 상동행동은 예측할 수 있다. 코팅된 사진 카드를 집을 때마다 머리를 돌리는 상동행동을 보이는 아동이 있는가 하면, 음악이 나오는 장난감이 움직일 때마다 손을 팔랑거리는 아동도 있고, 활동 스케줄 책장을 넘기기 전후에 손가락을 가지고 노는 아동도 있다. 만약 상동행동 시작을 예측할 수 있다면, 이를 막기 위해 당신은 신체적 안내를 사용할 수 있다. 만약 공간용암법으로 이행한 후에 다시 상동행동이 보인다면, 이는 용암을 너무 빨리 시작했다는 신호이므로 다시 점진적 안내로 되돌아간다. 설령 운동 상동행동을 예측할 수 없고 막지 못한다고 하더라도 빠르게 중단시켜 이러한 행동을 거의 하지 못하게 한다.

활동 스케줄 사용을 가르칠 때 아동이 가끔 짜증을 부려요

짜증을 부리는 동안 아동은 충분히 학습하지 않을 가능성이 있으며, 아마 당신도 새로운 반응연쇄의 일부로 아동이 짜증을 학습하기를 원하지 않을 것이다. 이러한 경우에는 활동 스케줄을 일단 중단하고, 짜증에 대해서 평소와 같이 대응하는 것이 가장 좋다(예를 들면, 아동이 조용해지고 지시에 따를 준비가 될 때까지 아동을 높은 의자에 앉히거나, 방에 데려가거나, 계단 맨 아래에 앉아 있게 한다).

만약 자주 짜증을 낸다면, 활동 스케줄에 포함했던 보상을 재검토하고 아동이 훌륭히 수행했을 때에는 토큰, 과자, 특히 좋아할 만한 활동의 빈도를 증가시킨다. 그러나 짜증이 활동 스케줄 사용을 막는다는 것을 가르치는 것이 되어서는 안 된다. 짜증 부리는 행동이 끝나면 다시 활동 스케줄을 시작하도록 한다.

활동 스케줄은 아동이 깨어 있는 시간에 계속 사용할 때 가장 효과적이다. 아동에게 5쪽 정도의 활동 스케줄이 있지만, 부모가 활동 스케줄을 사용하게끔 하지 않고, 상동행동과 의식적 행동을 하게 내버려 둔 상태에서, 아동에게 활동 스케줄을 사용하도록 했을 때는 방해 행동을 보일 가능성이 높다. 이와 마찬가지로, 아동이 하루에 두 시간 비연속개별시도 교수를 받고 있으며, 정반응이 있을 때마다 보상을 받고 있다면, 아동은 보상을 받기 전까지 활동 스케줄(예 : 퍼즐 가져오기, 완수하기, 정리하기) 따르기에 저항할지도 모른다. 활동 스케줄에 따르는 것도 다른 일상적인 활동과 마찬가지로 보람이 있어야 한다.

아동이 동전을 가져가 버려요

아동은 정당하지 않게 타인의 물건을 가져가면 안 된다는 것을 학습해야 한다. 토큰 보상은 아동에게 이 중요한 원칙을 가르치는 한 가지 방법이고, 다른 사람의 존중을 얻는 데도 도움이 된다. 아동이 아직 받지 못한 동전, 과자, 다른 보상을 가져가는 것을 막기 위해 신체적 안내를 사용한다. 그러나 토큰을 가져가는 것을 막지 못했다면, 즉시 가져간 토큰을 없앤다. 이러한 행동이 계속된다면, 아동이 획득한 토큰을 되받고, 추가적으로 사용하려 했던 동전이나 스티커를 치우고, 과자 또는 특별한 활동과 교환하기 위해 필요한 개수만큼 토큰을 주지 않도록 한다.

점진적 안내 또는 공간용암법을 하는 동안 토큰을 함께 사용하지만, 부모가 그림자 전략이나 물리적 거리 늘리기를 시작하면 토큰을 '훔치기' 시작하는 아동도 있다. 이것은 일시적으로 이전의 촉진 절차로 돌아가라는 신호이다. 다시 한 번 촉진을 용암하기 시작하면, 아동의 행동을 통해 용암 절차를 계속 해야 하는지 여부를 알 수 있을 것이다.

아이가 활동 스케줄 사용법을 알지만, 내가 함께 있어야 해요

6장에서 설명했듯이(“새로운 문제점, 익숙한 해결책” 참조), 성인의 물리적 거리를 늘리는 것은 아동의 실제적인 자립을 지원하는 데 있어서 가장 어려운 단계일 것이다. 아동들은 부모 또는 교사가 없는 상황에서 이전에 습득한 활동을 하기에 앞서, 다양한 활동 스케줄을 학습한다.

다양한 활동 스케줄을 학습한 후, 부모가 방 밖에 있는 상황에서 아동이 성공하지 못한다면 검토해야 할 몇 가지 해결책이 있다. 아동이 책 읽기, 세탁물 개기, 가족과 상호작용하기와 같은 활동에 참여하는 동안 아동과 당신과의 거리를 늘려 나간다. 물론 필요할 때 바로 촉진할 수 있도록 교사나 부모는 계속해서 아동의 수행을 관찰하지만 아동은 별로 신경 쓰지 않을 것이다.

아동이 언어를 사용하는 경우에는, 아동의 활동 스케줄에 사회적 상호작용 과제, 특히 과제 완수에 초점을 둔 상호작용을 포함시키고 싶을 것이다. 그렇다면 아동이 예정된 활동을 완수한 후에 “퍼즐 했어요.” 또는 “치즈 크래커를 만들었어요.”같이 당신에게 보고하도록 가르친다. 그리고 아동이 혼자서 수행한 과제에 대해 칭찬과 보상을 한다(또는 그가 촉진으로 인해 활동을 완수했다면 칭찬과 보상을 보류한다). 아동이 당신에게 보고할 즈음에 조금씩 멀리 이동하면, 결국에 다른 방에 있는 당신을 찾아오게 된다.

마지막으로 아동의 시야에서 몇 초 동안 떠나 있는다. 그리고 되돌아와 당신이 없었을 때 지속적으로 활동에 참여한 것에 대한 보상을 한다. 그렇게 하면 당신이 아동에게서 보이지 않는 시간은 급격히 늘어날 것이다.

물론 활동 스케줄의 몇 가지 활동은 부모가 존재하는 상황을 전제로 짜여 있다. "숙제 확인해 달라고 아빠에게 부탁하렴.", "말하기 공부할 시간이라고 엄마에게 말하렴.", "산수를 도와 달라고 부탁하렴."과 같은 활동 스케줄이 그것이다. 활동 스케줄에 포함된 이러한 활동은 추가적으로 지도할 수 있게 하는 발판이 된다. 부모는 활동지를 푼 것에 대해 피드백을 하거나, 명료한 반응을 하도록 비연속개별시도 교수를 하거나, 아동이 부가적인 사실을 기억하도록 하기 위해 플래시 카드를 제시할 필요가 있다.

아동의 숙제 확인이나 음성언어 공부하기를 떠올리기 위해 아동의 활동 스케줄을 사용한다면, 물건을 가져오고 정리하는 것을 아동이 책임지게 함으로써 아동의 자립발달을 촉진할 수 있다. 아동에게 정리할 시간이라고 말로 전하는 대신, 활동이 끝났다고 간단하게 알린다(예를 들면, "숙제 끝", "플래시 카드 끝").

활동 스케줄을 사용하게 하기 위해 항상 집에 있을 수 없어요. 바꿔야 하나요?

다른 것보다 일정 변경을 쉽게 받아들이는 일부 사람이 있지만, 우리 모두 어느 정도의 융통성은 필요하다. 업무 스케줄의 변경, 가족과의 약속 변경, 예상 못했던 일은 종종 우리의 일정을 조절하게 하며 계획을 수정하게 한다. 아동에게 활동 스케줄의 사용을 지도함으로써 아동이 일과의 변화를 수용하도록 지도할 수 있다.

필요하다면 망설이지 말고 아동의 사진이나 글자 활동 스케줄을 간결하게 한다. 만약 심부름을 하거나, 다른 자녀를 방과 후 행사에 데려가야 한다면, 아동의 활동 스케줄 책에서 몇 장을 떼어내고, 차에 타기를 지시하는 쪽으로 대체할 수 있다. 이렇게 활동을 재배열한 후에 다양한 활동 스케줄을 습득하고 나면, 다른 볼일이 있을 때 편하게 새로운 구성요소를 추가하는 데 도움이 될 것이다.

활동 스케줄의 변경이 예상되는 경우에는, 하루 일과가 비교적 느긋할 때 미리 사진이나 글자 단서를 준비하여 연습할 기회를 제공한다. 예를 들면, 기차역이나 버스 정류장에서 부모님과 만나기, 축구 연습에 형제자매를 데려오기, 쇼핑센터 · 소아과 · 할머니 댁에 가기, TV 보기, 수영하기, 취침하기를 나타내는 사진을 추가한다. 가끔은 일부러 몇 가지 일반적인 활동을 삭제하고 그것을 대체하는 활동을 추가해 본다. 이것은 다른 가족 구성원의 삶의 질을 높일 뿐만 아니라 자폐성 청소년이 변화를 받아들이는 것을 학습하는 데도 도움이 되고, 가정에도 긍정적인 영향을 미칠 것이다.

활동 스케줄은 단지 도구에 지나지 않는다. 아동의 여러 교육적 측면과 가족의 참여 여부를 당신이 결정하는 것처럼 아동의 하루 스케줄에 대해서도 그때마다 판단해 나가야 한다.

너무 바빠서 매일 아동의 활동 스케줄을 준비할 시간을 내기 어려워요

자폐성 아동의 부모로서 당신은 일상생활에서 일어나는 다양한 상황을 다루는 많은 대처기술을 학습해 왔다. 처음 활동 스케줄을 사용하도록 가르칠 때는 많은 시간과 노력이 요구되지만 나중에는 당신 자신을 위한 자유시간이 만들어진다. 아동의 과제 및 놀이의 환경 구성에 조금 더 관심을 가지는 것만으로도 보상을 얻기 쉬울 것이다. 3장에서 아동의 자립을 촉진하기 위한 물건의 배치에 관한 설명이 있었다.

구성이 잘된 학습 환경에서 당신은 아동에게 활동 스케줄을 가르칠 뿐만 아니라, 자신의 소유물에 대한 책임도 지울 수 있다. 잘 고안된 교구 및 놀이 도구가 배치된 장소에서는 교수절차를 통해 아동에게 정리하기를 가르칠 수 있다. 새로운 활동 스케줄을 시작할 때, 활동 스케줄에 사진이나 문장으로 나타나 있지 않은 한두 개의 '추가' 활동을 아동이 할 수 있도록 주저하지 말고 신체적 안내를 사용한다. 예를 들어, 만약 그가 케이넥스(그림 13-1 참조) 모형을 만든다면, 신체적 안내를 사용하여 정리하기 전에 모형을 분해하여 조각들을 통에 다시 넣게 한다. 아동이 가위로 자르기를 한다면, 신체적 안내를 사용하여 종잇조각을 주워 쓰레기통에 버리게 한다. 만약 아동이 푸딩을 만든다면 조리대를 닦고 식기세척기에 식기를 넣어서 마치도록 가르친다.

최종적으로 활동 스케줄은 아동이 성취기준에 맞추어 정확하게 할 수 있도록 교수절차를 사용할 때에만 유용한 것이 된다. 지도 절차를 사용하면 아동에게 해야 할 목록을 다시 수행하게 하거나 부적절한 수행이 일어나지 않도록 할 수 있다. 미트로프 만들기 학습은 이 활동에 다른

그림 13-1 케이넥스(K'Nex). 면과 점을 표현하는 플라스틱 조각을 기본으로 해서 다양한 모델을 만들 수 있고, 기어를 이용해서 모터의 동력을 전달하고 움직이는 물체를 만들 수 있는, 레고나 과학상자 등과 비슷한 교구.

출처 : https://www.amazon.com/KNEX-Classics-Model-Building-Set/dp/B007RYE2V0/ref=sr_1_1?ie=UTF8&qid=1481607922&sr=8-1&keywords=50+Model+Building

사람이 추가로 할 필요가 없거나 가족이 맛있게 미트로프를 먹을 경우에만 기능적인 기술이 된다. 카펫 청소하기의 학습은 활동이 끝난 후 카펫이 깨끗할 때에만 유용하고 활동 스케줄 사용의 학습은 청년이 자신의 활동 스케줄과 도구를 관리할 수 있게 되었을 때에야 비로소 유용한 기술이라 말할 수 있다. 이렇게 중요한 결과는 모두 앞서 설명한 교수절차를 통해 성취된다.

활동 스케줄 사용이 아동을 더욱 사회적으로 고립시키는 것이 아닌지 걱정돼요

활동 스케줄을 사용하는 아동 중에는 스케줄 활동에 너무 몰두하여 옆에 있는 사람을 무시하는 아동도 있다. 우리와 마찬가지로 컴퓨터 사용하기, 책 읽기, 잡지 보기, 활동지 풀기, 요리하기와 같은 비사회적인 과제를 하는 동안에는 많은 아동이 방해받지 않기를 원한다. 하지만 아동이 비사회적인 활동을 하는 동안 고립되려고 한다면(예를 들어, 당신과 이야기하는 중이거나 간지럼을 태우는 동안 시선을 회피한다) 아동의 활동 스케줄에 사회적인 활동을 추가하고, 타인에게 관심을 보이거나 쳐다볼 때에만 보상을 한다. 앞서 기술한 바와 같이, 사회적 상호작용의 결여는 자폐성 아동의 핵심적인 장애이다. 많은 연습 기회를 주고 그에 따른 강력한 보상을 하는 것은 사회적 능력을 기르는 데 도움이 된다.

잘 짜인 활동 스케줄은 사회적 고립을 완화시킨다. 활동 스케줄 지도는 특정 '치료실'에서만 이루어져서는 안 된다. 집과 정원, 학교, 자동차, 그리고 지역사회 모든 곳이 교육환경이 되어야 한다. 만약 아동이 아직 성인의 감독 없이 활동 스케줄을 사용하지 못한다면, 활동영역의 경계를 명확하게 하기 위해 작은 깔개를 사용하여, 깔개에 앉아 있는 동안 놀이 스케줄의 사용을 가르친다. 깔개와 활동 스케줄은 가족들이 TV를 볼 때는 거실로, 옷을 개는 동안은 세탁실로, 조부모님 댁에 갈 때는 조부모님의 집으로 가져간다. 또한 아동의 활동 스케줄과 당신의 하루 활동이 대응되도록 한다. 당신이 저녁 식사를 준비한다면 아동에게 식탁 차리기와 학교에서 먹을 점심 식사 준비하기 활동 스케줄의 사용을 가르친다. 형제자매가 숙제를 하는 동안에는 아동이 할 수 있는 활동 스케줄을 준비하고, 형제자매와 상호작용을 하기 위해 단서가 되는 몇 가지 활동도 추가한다.

아동이 항상 신체적 안내를 해 주기 바라는 것처럼 보여요. 어떻게 해야 촉진을 줄여 나갈 수 있을까요?

많은 자폐성 유아는 신체적 접촉을 좋아하는 것으로 보인다. 아마도 그 이유는 아동을 사회로 끌어들이려는 부모의 노력의 결과라고 생각한다. 그리고 아동 중에는 성인의 촉진에 의존하는 경향이 있어 신체적 안내를 기다리는 아동도 있다(4장 "신체적 안내의 필요성" 참조). 계획된 활동이나 스케줄을 마치고 얻는 보상으로 간지럼 태우기, 레슬링, 껴안기, 소란 피우기를 추가하여 아동과의 신체적 접촉을 늘리도록 한다. 아동이 촉진을 기다릴 때에는 이와 같은 활동을 최소한으로 줄이고, 아동이 잘 수행할 때는 강하고 오래 신체적 접촉을 한다.

아동이 활동 스케줄 책장을 넘기기 어려워해요

손으로 책장을 넘기는 데 필요한 기술을 획득하기 전에 활동 스케줄 사용을 학습하는 아동도 있다. 그렇기 때문에 일시적으로 대체물을 고안해야 한다. 각 페이지의 오른편에 붙어 있는 큰 탭을 사용하여 학습한 뒤, 한 번에 한 장씩 넘길 수 있게 된 아동도 있다. 또한 각 페이지의 아랫부분에 벨크로 테이프를 붙여서 페이지를 분리하여 각 페이지를 잡기 쉽게 한 후에, 책장을 넘길 수 있게 된 아동도 있다.

아동이 아직 '사진 - 사물 일대일 대응 기술'을 가지고 있지 않아요. 어떻게 하면 좋을까요?

사진과 사물의 대응학습이 때로는 큰 걸림돌이 되기도 한다. 수년간의 지도를 통해 비로소 사진-사물 일대일 대응 기술을 학습한 아동이 있는 반면, 사진-사물 일대일 대응 기술의 문제를 무시하고 아동의 대응 기술에 초점을 두고 지원하여 활동 스케줄을 사용할 수 있게 된 아동도 있다. 만약 아동이 사진을 대응시킬 수 있다면, 아동의 활동 스케줄 책에 한 장의 사진을 붙여 두고, 관련된 사물이 들어 있는 용기에도 같은 사진을 붙여 둔다. 만약 아동이 글자 또는 숫자를 대응시킬 수 있다면, 아동의 활동 스케줄 책에 글자 또는 숫자를 붙여 두고 장난감이나 학습할 활동이 들어 있는 용기에 대응하는 글자나 숫자를 붙여 둔다. 만약 아동이 사물과 사물을 대응시킬 수 있지만 사진과 사진을 대응시키지 못한다면, 활동 스케줄 책이나 용기에 사물을 붙이거나 넣어 둔다. 예를 들면, 아동의 활동 스케줄 책에 실제 퍼즐 조각을 놓고, 똑같은 퍼즐 조각을 퍼즐이 들어 있는 용기에도 붙여 둔다. 인형의 집에 있는 화장실 모형과 세발자전거 모형을 활동 스케줄 페이지에 붙여서, 화장실 가기와 세발자전거 타기를 학습한 아동도 있다. 사진-사물 대응 과제는 아동이 자립하는 데 중요한 역할을 하기 때문에 지속해서 하도록 한다.

언제 촉진을 해야 하나요?

우리는 종종 딜레마에 빠진 듯한 기분을 느낀다. 아동을 너무 빠르게 촉진을 하면, 혼자서 과제를 완수하는 것을 방해하게 되고, 너무 느리게 촉진을 하면, 되풀이해서 오류를 범하게 될지도 모른다. 언제 촉진을 할 것인지는 사전 관찰을 기반으로 판단해야 한다. 평소에 혼자서 과제를 완수하는 아동이라면, 아동은 10~15초 멈춘 후에도 과제를 다시 완수할 가능성이 높다. 만약 평소에 도움을 필요로 하는 어려운 과제라면, 지금 해야 할 행동을 잊거나 부적절한 행동을 하기 전에 빠르게 촉진한다. 아동의 현재 수행을 관찰하는 것은 언제 촉진해야 할지에 대한 최고의 지침을 제공할 것이다.

켄

우리는 켄(Ken)을 3살 때부터 알고 지냈다. 켄은 자폐성 장애 진단을 받았다. 중증발달장애를 가지고 있으며, 간질을 억제하는 약을 복용하고, 이로 인해 종종 좋지 않은 부작용이 일어나는 등 오랜 건강상의 문제를 가지고 있다. 현재 켄은 40살이며, 16살에 활동 스케줄을 이용할 수 있게 되었으며, 이전에는 사진 활동 스케줄의 사용을 학습하지 않았었다. 활동 스케줄을 학습하고 나서, 그의 삶에는 큰 변화가 일어났다. 켄의 활동 스케줄은 식탁 차리기와 방 청소하기, 여가활동 선택하기, 개인 위생 과제, 가사일 돕기의 단서가 되었다. 또한 활동 스케줄은 켄의 직장인 자동차 공장에서 숫자를 세고 부품을 포장하는 일에 도움이 되었으며 다양한 선택지를 통해 어떻게 쉬는 시간을 보낼지를 선택할 수 있게 했다. 사회적 상호작용 또한 켄의 활동 스케줄에 포함되었다. 켄은 한정된 단어만을 사용하지만, 휴일 계획, 친척 방문 계획, 좋아하는 레스토랑에 가기 위한 계획을 논의하기 위해 다른 사람들에게 적극적으로 다가간다. 켄은 유쾌하고 즐겁기 때문에 대화하고 싶어지는 사람이다. 행복을 측정할 수는 없지만, 켄은 행복해 보인다.

부록

부록 A 선수기술 평가 기록지

부록 B 버튼형 음성 녹음기

부록 C 오디오 카드 판독기

부록 D 활동 스케줄 평가 기록지

부록 A 선수기술 평가 기록지

______의 선수기술 평가 기록지

회기	과제	날짜/시간	날짜/시간	날짜/시간
	사진-배경 식별하기			
1				
2				
3				
4				
5				
6				
7				
8				
9				
10				
정반응 수				

회기	과제	날짜/시간	날짜/시간	날짜/시간
	동일 사물 짝 짓기			
1				
2				
3				
4				
5				
6				
7				
8				
9				
10				
정반응 수				

회기	과제	날짜/시간	날짜/시간	날짜/시간
	사진-사물 일대일 대응			
1				
2				
3				
4				
5				
정반응 수				

부록 B 버튼형 음성 녹음기

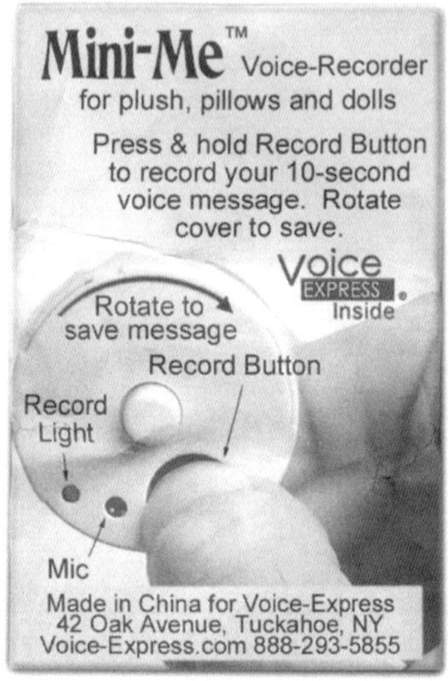

이 소형 음성 녹음기는 아래의 점포에서 구입하였다.

ARGUS Media LLC
90 Shetland Road
Fairfield, CT 06824
203-254-3503, 203-254-3581 (팩스)
또는
Alexander's Shoppe
www.teachwithsound.com

이 책이 출판되었을 당시 가격은 Mini-Mes가 6달러 20센트였고, Voice-Overs는 6달러 50센트였다.

부록 C 오디오 카드 판독기

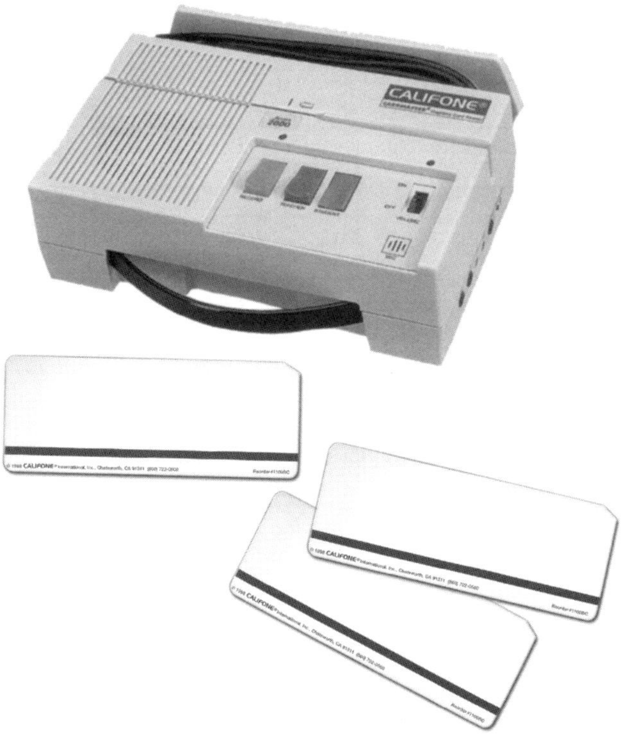

Califone 카드 판독기는 아래의 점포에서 구입하였다.

Cousins Video
420 W. Prospect Street
Painesville, OH 44077
800-256-5977, 440-354-0651 (팩스)
info@cousinsvideo.com
www.cousinsvideo.com

이 책이 출판되었을 당시 가격은 카드 판독기 모델 2010AV가 173달러 80센트, 100 빈 카드는 32달러 60센트로 기재되어 있었다.

부록 D 활동 스케줄 평가 기록지

관찰자 :

날짜 :

활동	스케줄 책 펴기/ 책장 넘기기	가리키기/ 보기	자료 가져오기	완료하기	제자리에 놓기
정반응 수					

총 정반응 수 :

총 반응 수 :

정반응률 :

관찰자 :

날짜 :

활동	스케줄 책 펴기/ 책장 넘기기	가리키기/ 보기	자료 가져오기	완료하기	제자리에 놓기
정반응 수					

총 정반응 수 :

총 반응 수 :

정반응률 :

참고문헌

Anderson, M. D., Sherman, J. A., Sheldon, J. B., & McAdam, D. (1997). Picture activity schedules and engagement of adults with mental retardation in a group home. *Research in Developmental Disabilities, 18*, 231-50.

Betz, A., Higbee, T. S., & Reagon, K. A. (2008). Using joint activity schedules to promote peer engagement in preschoolers with autism. *Journal of Applied Behavior Analysis, 41*, 237-41.

Birkan, B., McClannahan, L. E., & Krantz, P. J. (2007). Effects of superimposition and background fading on the sight-word reading of a boy with autism. *Research in Autism Spectrum Disorders, 1*, 117-25.

Bryan, L. C. & Gast, D. L. (2000). Teaching on-task and on-schedule behaviors to high-functioning children with autism via picture activity schedules. *Journal of Autism and Developmental Disorders, 30*, 553-67.

Cooper, J. O. (1987). Stimulus control. In J. O. Cooper, T. E. Heron, & W. L. Heward, *Applied Behavior Analysis* (p. 315). Columbus, OH: Merrill Publishing Co.

Decker, D.M., Ferrigno, T. K., May D. T., Natoli, C. L., Olson, K. D., Schaefer, M. A., Cammilleri, A. P., & Brothers, K. J. (2003, May). *A comparison of student performance on paper and electronic picture activity schedules*. Poster presented at the First Annual Conference of the Princeton Child Development Institute, Princeton, NJ.

Edmark Corporation (1992). *Edmark Reading Program*. Redmond, WA: Author.

Etzel, B. C. & LeBlanc, J. M. (1979). The simplest treatment alternative: The law of parsimony applied to choosing appropriate instructional control and errorless-learning procedures for the difficult-to-teach child. *Journal of Autism and Developmental Disorders, 9,* 361-382.

Krantz, P. J. (2000). Commentary: Interventions to facilitate socialization. *Journal of Autism and Developmental Disorders*, *30*, 411-413.

Krantz, P. J., MacDuff, M. T., & McClannahan, L. E. (1993). Programming participation in family activities for children with autism: Parents' use of photographic activity schedules. *Journal of Applied Behavior Analysis*, *26*, 137-139.

Krantz, P. J. & McClannahan, L. E. (1993). Teaching children with autism to initiate to peers: Effects of a script-fading procedure. *Journal of Applied Behavior Analysis*, *26*, 121-132.

Krantz, P. J. & McClannahan, L. E. (1998). Social interaction skills for children with autism: A script-fading procedure for beginning readers. *Journal of Applied Behavior Analysis*, *31*, 191-202.

Lovaas, O. I. (1977). *The autistic child: Language development through behavior modification*. New York: Irvington.

Lutzker, J. R., McGimsey-McRae, S., & McGimsey, J. F. (1983). General description of behavioral approaches. In M. Hersen, V. B. VanHasselt, & J. L. Matson (Eds.), *Behavior therapy for the developmentally and physically disabled* (p. 42). New York, NY: Academic Press.

MacDuff, G. S., Krantz, P. J., & McClannahan, L. E. (1993). Teaching children with autism to use photographic activity schedules: Maintenance and generalization of complex response chains. *Journal of Applied Behavior Analysis*, *26*, 89-97.

Machalicek, W., Shogren, K., Lang, R., Rispoli, M., O'Reilly, M. F., Franco, J. H., & Sigafoos, J. (2009). Increasing play and decreasing the challenging behavior of children with autism during recess with activity schedules and task correspondence training. *Research in Autism Spectrum Disorders*, *3*, 547-555.

McClannahan, L. E. (1998). From photographic to textual cues. In P. J. Krantz, G. S. MacDuff, E. C. Fenske, & L. E. McClannahan, *Teaching independence and choice: Design, implementation, and assessment of the use of activity schedules*. Princeton, NJ: Princeton Child Development Institute. DVDs or VHS tapes. www.pcdi.org

McClannahan, L. E. & Krantz, P. J. (1997). In search of solutions to prompt dependence: Teaching children with autism to use photographic activity schedules. In E. M. Pinkston and D. M. Baer (Eds.), *Environment and Behavior* (pp. 271-278). Boulder, CO: Westview Press.

McClannahan, L. E. & Krantz, P. J. (2005). *Teaching conversation to children with autism: Scripts and script fading*. Bethesda, MD: Woodbine House.

McClannahan, L. E., MacDuff, G. S., & Krantz, P. J. (2002). Behavior analysis and intervention for adults with autism. *Behavior Modification, 26*, 9-26.

McClannahan, L. E., MacDuff, G. S., & Krantz, P. J. (2009). Activity schedules for adults with autism spectrum disorders. In P. Reed (Ed.), *Behavioral Theories and Interventions for Autism* (pp. 313-334). New York, NY: Nova Science Publishers.

McGee, G. G., Krantz, P. J., & McClannahan, L. E. (1986). An extension of incidental teaching procedures to reading instruction for autistic children. *Journal of Applied Behavior Analysis, 19*, 147-157.

Mechling, L. C., Gast, D. L., & Seid, N. H. (2009).Using a personal digital assistant to increase independent task completion by students with autism spectrum disorder. *Journal of Autism and Developmental Disorders, 39*, 1420-1434.

Miguel, C. F., Yang, H. G., Finn, H. E., & Ahearn, W. H. (2009). Establishing derived textual control in activity schedules with children with autism. *Journal of Applied Behavior Analysis, 42*, 703-709.

Pierce, K. L. & Schreibman, L. (1994). Teaching daily living skills to children with autism in unsupervised settings through pictorial self-management. *Journal of Applied Behavior Analysis, 27*, 471-481.

Rehfeldt, R. A. (2002). A review of McClannahan and Krantz's Activity schedules for children with autism: teaching independent behavior: Toward the inclusion and integration of children with disabilities. *The Behavior Analyst, 25*, 103-108.

Rehfeldt, R. A., Kinney, E. M., Root, S., & Stromer, R. (2004). Creating activity schedules using Microsoft PowerPoint. *Journal of Applied Behavior Analysis, 37,* 115-28.

Reid, D.H. & Green, C.W. (2005). *Preference-based Teaching: Helping People with Developmental Disabilities Enjoy Learning without Problem Behavior.* Morganton, NC: Habilitative Management Consultants.

Silver Lining Multimedia, Inc. (2008). *Picture This...* Poughkeepsie, NY: Author. (CD for Windows or Mac OS). www.silverliningmm.com

Stages Learning Materials (2009). *Language Builder: Picture Noun Cards.* Chico, CA: Author. www.stageslearning.com

Stevenson, C. L., Krantz, P. J., & McClannahan, L. E. (1998). Social interaction skills for children with autism: A script-fading procedure for nonreaders. *Behavioral Interventions, 15*, 1-20.

Watanabe, M. & Sturmey, P. (2003). The effect of choice-making opportunities during activity schedules on task engagement of adults with autism. *Journal of Autism and Developmental Disorders, 33*, 535-538.

Wichnick, A., Vener, S. M., Keating, C., & Poulson, C. L. (2010). The effect of a script-fading procedure on unscripted social initiations and novel utterances among young children with autism. *Research in Autism Spectrum Disorders, 4*, 51-64.

찾아보기

ㅎ

기타

지은이 소개

Lynn E. McClannahan 박사는 미국에서 자폐성 장애인을 위한 최초의 비제도적 프로그램을 운영하는 프린스턴아동발달연구소의 명예이사이다. 박사의 연구는 뉴저지 주 의회, 미국 심리학회, 뉴저지 행동분석학회와 같은 기관에서 널리 인정받고 있다. Krantz 박사와 함께 미국뿐 아니라 해외에서도 사용되고 있는 중재 모델을 개발하였다.

Patricia J. Krantz 박사는 프린스턴아동발달연구소의 명예이사이며, 주요 관심 분야는 자립 · 선택 · 자발화 향상이다. 박사는 많은 연구 논문과 책을 썼으며 미국뿐만 아니라 호주, 벨기에, 프랑스, 노르웨이, 폴란드, 러시아, 스페인, 터키에서 자폐성 장애 중재를 위해 국제적인 노력을 하고 있다. 또한 McClannahan 박사와 함께 자폐성 아동을 위한 새로운 중재 방법 개발을 계속하고 있다.

옮긴이 소개

곽승철
공주대학교 특수교육과 교수

노진아
공주대학교 특수교육과 교수

조성하
일본 츠쿠바대학 대학원 장해과학 박사과정

양영모
공주대학교 대학원 특수교육학 박사과정 수료